电网企业营销稽查
典型案例集

国网新疆电力有限公司市场营销部 编

图书在版编目（CIP）数据

电网企业营销稽查典型案例集/国网新疆电力有限公司市场营销部编 . —北京：中国电力出版社，2024.8. —ISBN 978-7-5198-9092-6

Ⅰ.F426.61

中国国家版本馆 CIP 数据核字第 2024PG1215 号

出版发行：中国电力出版社
地　　址：北京市东城区北京站西街 19 号（邮政编码 100005）
网　　址：http://www.cepp.sgcc.com.cn
责任编辑：丁　钊（010－63412393）
责任校对：黄　蓓　张晨荻
装帧设计：郝晓燕
责任印制：杨晓东

印　　刷：廊坊市文峰档案印务有限公司
版　　次：2024 年 8 月第一版
印　　次：2024 年 8 月北京第一次印刷
开　　本：710 毫米×1000 毫米　特 16 开本
印　　张：8.5
字　　数：117 千字
定　　价：55.00 元

版 权 专 有　侵 权 必 究
本书如有印装质量问题，我社营销中心负责退换

编 委 会

主　任：冯勇军
副主任：马　军　杨志杰
委　员：王海龙　何慧梅　马　超　多力昆·斯拉木
　　　　刘海龙　魏逸婷

主　编：陈晓云
副主编：杨　希　王鹤森
编　写：葛　翔　黄鑫磊　张　梅　刘　静　祝丽芳
　　　　香　静　倪凯峰　邓成英　刘　陶　裴永吉
　　　　高　鸽　张红美　张晓宇　全龙翔　黄昌达
　　　　武新娟　李盼盼　黎彦林　周倩仪　赵　赟
　　　　胡晓明　史　岩　李文瑞　吴念宵　桓　露
　　　　王雅煊　左军辉　池　俊　詹　妮

前　言

随着国家电网公司营销新技术、新业务、新模式发展迅速，知识更新多、情况变换快、工作要求高，在营销业务管理和服务过程中，供电服务不到位、企业经济损失时有发生。客户现场管理弱化，现场用电存在安全风险的同时隐含多种多样的经营风险，企业运营风险不断加大。

为降低企业经营风险，促进企业依法合规经营，近年来，国家电网公司不断加大营销稽查组织体系建设，强化营销稽查营销内部审计职能，充分发挥营销稽查靶向功能，推动营销各项工作精准落地落实，但在营销稽查工作开展中，"力不从心""本领恐慌"危机普遍存在。为进一步提升营销稽查质量和效率，国网新疆电力有限公司市场营销部组织国网新疆营销服务中心对近年营销稽查中发现的具有代表性的问题进行总结，经过筛选和提炼后形成典型案例集，供基层工作人员在稽查同类问题时学习、借鉴、参考，专业管理在日常业务前端和过程管控中重点关注，避免同类问题屡查屡犯，不断夯实营销业务基础质量。

目 录

前言

第一章 业扩报装 … 1

第一节 新装增容 … 1

一、业务受理 … 1

案例1 "一证受理"落实不到位 … 2

案例2 客户报装用电业务体外循环 … 3

二、现场勘查 … 4

案例3 行业类别认定错误 … 4

案例4 用电类别认定错误 … 5

三、供电方案 … 6

案例5 高压增容供电方案制订不合理 … 7

案例6 新装用户计量接入方案制订不合理 … 8

四、竣工检验 … 9

案例7 竣工检验不到位导致容量错误 … 10

案例8 竣工检验不到位导致一址多户 … 11

第二节 变更用电 … 12

一、暂停（恢复）、减容（恢复） … 12

案例9 永久性减容后功率因数错误 … 13

案例10 临时性减容后计费方案错误 … 14

  案例 11 暂停恢复后计费方案错误 ································· 15

 二、过户、分户、并户、更名 ································· 16

  案例 12 过户业务办理不合规 ································· 16

  案例 13 分户业务办理不合规 ································· 17

  案例 14 并户业务办理不合规 ································· 18

  案例 15 更名业务办理不合规 ································· 19

 三、销户 ································· 20

  案例 16 销户用户未清退电费余额 ································· 20

  案例 17 违规注销用户用电账户 ································· 21

第三节 小微企业接入 ································· 22

  案例 18 小微企业认定错误 ································· 22

  案例 19 小微企业容量开放未落实 ································· 23

  案例 20 小微企业接入容量超标准 ································· 24

  案例 21 小微企业投资不到位 ································· 25

第二章 电费电价 ································· 27

第一节 抄表管理 ································· 27

  案例 22 抄表示数异常 ································· 28

  案例 23 换表后采集示数为零 ································· 29

  案例 24 用户申请销户时反向示数异常 ································· 29

  案例 25 示数类型结算标识错误导致电量计算错误 ································· 30

  案例 26 示数录入错误导致子表电量扣减错误 ································· 31

第二节 电费核算 ································· 32

 一、电厂电费电价 ································· 32

  案例 27 并网自备电厂基本电费错误 ································· 33

  案例 28 并网自备电厂备容费错误 ································· 34

案例29　公用电厂下网电价错误 …………………………… 35

案例30　公用电厂上下网电量互抵 ………………………… 36

二、基本电费错误 …………………………………………… 37

案例31　双电源用户基本电费错误 ………………………… 38

案例32　流程错误导致基本电费错误 ……………………… 40

案例33　底码录入错误导致电费错误 ……………………… 41

案例34　未抄录需量值导致基本电费少计 ………………… 42

案例35　暂停恢复流程不规范导致基本电费错误 ………… 43

案例36　变压器状态错误导致基本电费错误 ……………… 44

第三节　电价执行 ……………………………………………… 45

一、居民电价执行 …………………………………………… 45

案例37　村民委员会电价错误 ……………………………… 46

案例38　物业小区电价错误 ………………………………… 48

案例39　学校用电电价错误 ………………………………… 49

案例40　宗教场所电价错误 ………………………………… 50

二、农业生产用电电价 ……………………………………… 51

案例41　农业排灌用户反季节用电异常 …………………… 52

案例42　农业电价执行错误 ………………………………… 53

案例43　畜牧业用电电价错误 ……………………………… 54

案例44　农产品保鲜仓储设施用电电价错误 ……………… 55

三、工商业用电电价 ………………………………………… 56

案例45　工商业用户暂停后电价错误 ……………………… 57

案例46　工商业用户电价错误 ……………………………… 58

四、特殊电价执行 …………………………………………… 59

案例47　电供暖用户电价错误 ……………………………… 60

案例 48　纺织工业用户电价执行错误 …………………………… 61

五、分时电价执行 ………………………………………………… 62

案例 49　工商业用户分时电价执行错误 ………………………… 62

案例 50　纺织工业分时电价执行错误 …………………………… 63

六、两部制电价执行 ……………………………………………… 64

案例 51　存量工业用户增容后电价执行错误 …………………… 65

案例 52　存量用户办理过户业务电价执行错误 ………………… 65

案例 53　存量用户办理分户业务电价执行错误 ………………… 66

案例 54　存量用户办理并户业务电价执行错误 ………………… 66

案例 55　农业用户变更为商业用户电价执行错误 ……………… 67

案例 56　存量单一制用户暂停恢复后电价执行错误（不应执行
　　　　　而执行） ……………………………………………… 68

七、功率因数执行 ………………………………………………… 68

案例 57　功率因数应执行未执行 ………………………………… 69

案例 58　功率因数考核标准错误 ………………………………… 70

案例 59　功率因数不应执行而执行 ……………………………… 71

第四节　收费账务 ………………………………………………… 71

案例 60　疑似电费虚拟户 ………………………………………… 73

案例 61　客户电费余额变动异常 ………………………………… 74

案例 62　客户电费 A 销 B 账 …………………………………… 75

案例 63　现金收费解款超期 ……………………………………… 76

案例 64　现金收费冲正异常 ……………………………………… 76

案例 65　通过个人微信收取、滞留电费 ………………………… 77

案例 66　暂停恢复到期计收基本电费引发服务风险 …………… 78

案例 67　档案信息错误造成错发短信 …………………………… 79

第三章　计量管理

第一节　计量装置及资产管理

一、电能表资产管理

案例 68　智能本地费控表预付费标识错误 ······················· 82

案例 69　电能表示数类型缺失 ······································ 83

二、电能表鉴定、申校

案例 70　电能表初始走码不为零 ··································· 84

案例 71　电能表申校超时限 ··· 85

第二节　计量运行管理

一、计量故障处理

案例 72　同一用户多次换表 ··· 87

案例 73　客户电能表时钟异常 ······································ 88

案例 74　电能表故障处理不及时 ··································· 88

案例 75　采集示数不连续 ·· 89

二、计量装拆

案例 76　电能表反向有功走字 ······································ 91

案例 77　综合倍率异常 ··· 92

案例 78　销户用户拆尾示数营采不一致 ·························· 93

案例 79　计量装置轮换拆尾示数营采不一致 ··················· 94

第四章　用电检查

第一节　供用电合同管理

案例 80　合同到期未续签 ·· 96

案例 81　低压合同类型错误 ··· 97

案例 82　发电厂合同类型签订错误 ································ 98

第二节　违窃用电处理规范性

一、违约用电处理规范性 ·· 101
  案例 83 　私自增容处置不规范 ·· 101
  案例 84 　私自启用处理不规范 ·· 102

二、窃电处理规范性 ·· 103
  案例 85 　窃电处理不规范 ·· 103
  案例 86 　窃电费用收取异常 ·· 104

第五章　基础数据 ·· 106

第一节　用户档案基础信息 ·· 106

一、计量装置分类 ·· 106
  案例 87 　220kV 结算用户计量装置分类错误 ·························· 106
  案例 88 　110kV 结算用户计量装置分类错误 ·························· 107
  案例 89 　10kV 结算用户计量装置分类错误 ···························· 108
  案例 90 　380V 结算用户计量装置分类错误 ···························· 109
  案例 91 　220V 用户档案计量装置分类错误 ···························· 109

二、计量点设置 ·· 110
  案例 92 　用户档案计量点等级设置错误 ································ 110
  案例 93 　用户档案计量点接线方式错误 ································ 111
  案例 94 　用户档案定量计量点设置错误 ································ 111
  案例 95 　220V 用户计量电压与计量方式不符 ·························· 113
  案例 96 　380V 用户计量电压与接线方式不符 ·························· 113
  案例 97 　10kV 高压计量用户接线方式错误 ···························· 114
  案例 98 　10kV 高压计量用户计量方式错误 ···························· 115
  案例 99 　单相电能表类型与接线方式不符 ···························· 115

第二节　营销系统权限管理不规范 ·· 116
  案例 100 　同一账号拥有退补发起和退补审核权限 ·················· 116

案例 101　同一账号拥有收费和实收权限 …………………………… 117

　　案例 102　同一账号拥有收费和账务权限 …………………………… 118

第六章　分布式光伏 ……………………………………………………… 119

第一节　分布式光伏用户电量异常 ……………………………………… 119

　　案例 103　分布式光伏用户发电量超理论值 ………………………… 119

　　案例 104　分布式光伏上网电量异常 ………………………………… 120

第二节　分布式光伏报装业务体外循环 ………………………………… 121

　　案例 105　分布式电源并网时限超短 ………………………………… 121

第一章 业扩报装

第一节 新装增容

业扩报装是供电企业办理电力客户用电业务扩充管理工作的简称。根据客户用电申请提出的用电设备安装地点、用电容量、用电性质及其他要求,并根据电网的结构或规划,从各个可能提供供电电源的地点,向客户提供恰当供电电压的处理过程,即是供电企业的业扩报装管理。

一、业务受理

【业务知识】

(1) 客户通过95598热线及网站、"网上国网"App、新疆政务平台等线上渠道进行用电业务办理;对于客户线下申请的用电业务实行"一证受理",即受理即进机,及时发起营销业务应用系统流程,并向客户告知需提交的资料清单。

(2) 业务受理实行首问责任制、一次性告知等业务规定,受理人员应及时将相关信息录入营销业务应用系统。受理客户用电申请时,受理人员应主动向客户提供用电咨询服务,接收并查验客户用电申请资料,对于"一证受理"的告知客户,在现场勘查时需提交的资料清单。

(3) 客户线下申请的用电业务实行"一证受理",即受理即进机,在营销业务应用系统发起新装流程，严禁客户报装用电业务体外循环、线下压单等现象，严禁以台区容量受限、台区超负荷等理由拒绝受理客户用电诉求。

【典型案例】

案例1 "一证受理"落实不到位

【案例描述】 2016年4月10日，客户李某前往供电所办理低压居民新装业务，受理人员在核对客户提交的资料时发现缺少房产证，便告知客户资料不全无法受理。2017年7月12日，客户李某带齐证件后再次到供电所办理。在办理过程中，客户向受理人员询问何时能办结，受理人员答复"需要看施工进度"。此后客户又询问是否能提供后续业务人员的联系方式，受理人员答复有工作人员会与其联系。客户李某对整体业务办理过程多次往返且受理人员答复不清等问题感到不满，便拨打95598反映。

【问题分析】 客户已提交有效身份证明，但供电营业厅工作人员未受理客户用电申请，未落实"一证受理"工作要求；在办理过程中，工作人员对客户咨询问题未与客户经理沟通相关事宜，未主动与客户联系，并未对客户咨询问题进行答复，导致客户重复往返，未履行"一口对外""一次性告知"义务。

【稽查要点】

(1) 业扩报装"一证受理"落实情况。

(2) "一口对外""一次性告知""首问负责制"落实情况。

(3) 窗口工作人员优质服务是否落实到位，是否主动为客户提供优质服务等。

【稽查方法】

(1) 通过明察暗访、走访客户，与岗位人员座谈等形式，了解"一证受理"工作落实情况。

第一章　业扩报装

(2) 核查业务受理环节是否按审核报装资料受理，资料是否真实有效，对"一证受理"客户是否告知所需资料清单及收资时间。

(3) 核查用电登记表、客户提供证件等申请信息是否与营销业务应用系统信息一致，营销业务系统信息录入是否齐全准确。

案例 2　客户报装用电业务体外循环

【案例描述】2022年12月8日，客户周某前往某供电所办公室咨询并办理居民家庭电供暖用电业务，工作人员在受理客户用电诉求后，未在承诺时限内为客户完成用电业务办理，一周后客户因无法用电拨打95598服务热线进行投诉。经核查，工作人员未将客户用电申请录入营销业务系统，导致用户用电诉求未及时办理。

【问题分析】客户提交用电申请后，供电所工作人员应及时将客户用电申请移交至营业厅录入营销业务系统，或引导客户通过网上国网进行线上办理，在承诺时限内为客户完成用电业务办理，保证客户正常用电。但供电所工作人员与客户沟通后发现，该台区公用变压器容量已满负荷运行，无法满足新增负荷接入需求，需先进行公用变压器增容，针对此现状，工作人员未将客户用电申请录入营销业务系统，也未在系统发起新装流程，一周后客户着急用电，随即拨打95598服务热线投诉。

【稽查要点】

(1) 用户业扩报装是否按承诺时限办理。

(2) 用户业扩报装各环节是否与现场实际一致。

(3) 用户申请报装资料是否当天录入营销业务系统。

【稽查方法】

(1) 通过营销稽查监控系统在线稽查主题常态监控业扩服务时限是否存在超期。

3

（2）通过营销稽查监控系统在线监控主题对用户送电时间与首次采集电量理论值不符的情况进行核查。

（3）走访新报装用户业扩报装实际业务办理情况。

二、现场勘查

【业务知识】

（1）现场勘察前，勘察人员应预先了解勘察地点的现场供电条件，与客户预约现场勘察时间，组织相关人员进行勘察。对申请增容的客户，应查阅客户用电档案，记录客户信息、历次变更用电情况等资料。

（2）现场勘察应重点核对客户用电容量、用电类别、负荷性质等信息，结合现场供电条件，初步确定供电电源、供电电压、供电容量、计费方案、计量方案，并填写现场勘察单。

【典型案例】

案例3　行业类别认定错误

【案例描述】　某高压客户，供电合同约定用电容量650kVA，行业分类为其他未列明建筑业，2020年12月，营销稽查人员对阶段性降价政策执行进行专项稽查时发现该用户享受疫情期间电费优惠政策，但其营业执照上营业范围为"各类环保科技型防水建筑材料生产及销售"，该分类不在优惠范围内，经现场进一步核实，用户实际为沥青防水卷材制作，行业分类应为非金属矿物制品业，不属于优惠政策执行范围。

【问题分析】　①该用户现场实际用电性质为沥青制造，不应享受疫情期间电费优惠政策，因计费方案错误导致政策落实错误；②客户经理对用户日常管理不到位，施工用电结束后未及时变更行业分类，导致行业分类与营业执照不符；③抄表人员职责履行不到位，对于施工用电长期未转生产、施工用电大电量等异常未进行现场核实。

【稽查要点】

（1）用户行业分类是否与现场实际一致，疫情期间电费优惠政策是否超范围执行。

（2）用户营业执照和现场实际用电性质是否相符。

（3）营销业务系统用户供电方案制订是否准确，计费、计量方案是否与现场实际一致，档案建立是否准确。

【稽查方法】

（1）通过筛查疑似问题客户开展现场核实，对照电价分类标准和《国民经济行业分类》（GB/T 4754—2017），确认客户行业分类是正确。

（2）通过筛查疑似问题客户开展现场核实，对照《销售电价分类适用范围执行说明》，确定用户用电类别及电价执行是否正确。

（3）根据客户变压器信息、证件信息、GIS图中客户用电地址等线索。现场核对客户营业执照（含经营范围及经营地址等）、土地使用权属证明、变压器安装位置及所带负荷、计量装置及客户生产情况等，确定是否存在现场用电情况与营销业务应用系统档案不一致。

（4）通过天眼查App核查所属营业区内行业类别为六大高耗能行业企业，并在营销业务应用系统对筛查出企业进行比对。

案例4　用电类别认定错误

【案例描述】　某福利院，合同容量50kVA，行业分类为社会福利业，2021年5月立户，营销业务系统用户档案用电类别为居民生活用电，执行居民生活用电价格。经现场进一步核实，该用户实际为福利院生活及配套设施用电，供电方案用电类别选择错误，应为非居民照明用电，执行居民生活用电价格。

【问题分析】 ①该用户为执行特殊电价的非居民用户,用户现场实际用电类别为非居民,用电类别应按非居民选择;②客户经理对销售电价中的特殊政策理解不到位,用户执行特殊电价时将用电类别也同步进行了变更,未按现场实际用电性质确定;③营销普查工作存在疏漏,对于行业分类明显为非居民的用户,普查时未认真核对并完成基础数据整改。

【稽查要点】

(1) 居民生活用电行业分类与用电类别是否存在不符。

(2) 现场实际用电性质是否为居民家庭生活用电。

(3) 按销售电价政策,是否属于执行居民电价的非居民用户。

【稽查方法】

(1) 通过营销业务系统查询用电类别为居民生活用电,但行业分类不为居民生活用电的用户清单。

(2) 通过营销业务系统或档案系统查询用户证照资料,核查用户申请资料为自然人还是法人。

(3) 对于用电申请报装资料为法人的,现场核实用户实际用电性质。

三、供电方案

【业务知识】

(1) 依据《国家电网公司业扩供电方案编制导则》(国家电网营销〔2010〕1247号)及相关技术标准要求,根据现场勘察结果、电网规划、用电需求及当地供电条件等因素,经过技术经济比较,与客户协商一致后,拟定供电方案。经审批方案答复单,由客户经理书面答复客户。高压供电方案有效期1年,低压供电方案有效期3个月。

(2) 用户申请新装或增容时,应当向供电企业提供以下申请资料:

第一章 业扩报装

低压用户需提供用电人有效身份证件、用电地址物权证件；居民自用充电桩需按照国家有关规定提供相关材料。

高压用户需提供用电人有效身份证件、用电地址物权证件、用电工程项目批准文件、用电设备清单。国家政策另有规定的，按照相关规定执行。

供电企业采用转移负荷或分流改造等方式后仍然存在供电能力不足或政府规定限制的用电项目，供电企业可以通知用户暂缓办理。

【典型案例】

案例5 高压增容供电方案制订不合理

【案例描述】2020年12月7日，在开展"一址多户"在线稽查时，发现营销系统两户10kV供电的塑料厂为同一用户名称且用电地址相同，两个用户合同容量均为250kVA，高供低计，执行一般工商业电价（单一制），立户时间分别为2010年6月9日和2020年1月5日。经GIS系统核查准确位置，发现两户变压器安装在同一地址相邻位置，随即判定该户为疑似"一址多户"异常，组织人员开展现场稽查。确定旧塑料厂与新塑料厂实际为一个生产企业，生产加工塑料瓶、塑料薄膜等塑料制品，两台变压器车间内外各安装一台，接带同车间两条生产线用电负荷，两个塑料厂为同一营业执照。该户2010年6月新建，2020年扩大生产规模，在原地址新增一台250kVA变压器，与原250kVA变压器共同向该厂供电。该户为高压增容，供电方案按新装确定，造成一址多户异常，需进行并户。

【问题分析】①该塑料厂以原营业执照在原用电地址申请增加受电变压器，用电地址和用电主体均未发生变化，属高压增容业务，但供电方案按新装确定，营销业务系统单独建档立户；②该户实际运行容量500kVA，应执行大工业两部制电价，用户自增容后营销业务应用系统无报停记录且长期满负荷运行，需对该户自增容起按大工业两部制电价计算电费，追退差额电费；③客户经理业务能力欠缺，将高压增容业务按高压新装办理且竣工检验工作流于形式，现场实际为一户，验收时未发现并及时纠错，导致电价执行错误。

【稽查要点】

（1）营销业务系统用户名称、供电线路、杆塔、产权分界点等。

（2）用户申请报装用电的证件资料，包括营业执照、组织机构代码证、土地权属证明等。

（3）用户受电设备安装位置。

【稽查方法】

（1）通过营销业务系统查询用户名称、供电线路相同，用电地址相近的用户明细。

（2）通过营销业务系统或电子化档案系统查询用户证件资料，筛选同一营业执照、同一土地权属证明或土地权属证明存疑的用户。

（3）通过GIS系统核查筛选的疑似用户用电设备安装位置，对受电设备安装在同一地址相邻位置的用户现场核查。

案例6　新装用户计量接入方案制订不合理

【案例描述】　2020年12月，在线稽查发现某居民住宅小区用电量波动较大且近5个月用电量突增。经查营销业务系统，用户为10kV供电的居民住宅区，未抄表到户，电费由所在物业公司代收代缴，执行居民生活用电价格，随即通过地图查看周边建筑，发现该小区周围三面有门面商铺，针对此情况对小区用电情况开展现场核查，确定小区周围商铺与居民生活用电共用受电设备和计量装置，商业用电未按相应电价计收电费。通知用户所属供电单位对异常问题进行整改，重新签订供用电合同，整改客户档案并追收差额电费和居民财政补贴。

【问题分析】　①按《供电营业规则》第七十条规定，供电企业应在用户每一个受电点内按不同电价类别，分别安装用电计量装置；受电点内难以按电价类别分别装设用电计量装置时，可装设总用电计量装置，按其不同电价类别的用电设备容量确定不同电价类别用电量的比例或定量进行分算，分别计价，供电企业每年至少对上述比例或定量核定一次，该户供电方案制订不合理，用户现场满足分表计量的条件，但未按不同用电类别分表计量；②客户工程验收流于形式，现场实际有商业用电负荷，但验收时未按实际容量定比或定量，造成电价执行错误；③用电检查工作不到位，用户现场存在商铺但执行100%居民生活电价等异常长期未发现。

【稽查要点】

(1) 供电电压10kV及以上的居民生活用电。

(2) 居民住宅小区月均用电量不符合居民生活用电理论值。

(3) 居民住宅小区用电量环比、同比增幅较大。

【稽查方法】

(1) 通过营销业务系统查询供电电压在10kV及以上，用电类别为居民生活用电或计量点价格均为居民生活用电的用户明细。

(2) 对名称包含"物业、小区"等字段的用户逐户核查用电量，重点关注用电地址在城市且用电量较大的用户。

(3) 通过社会化地图查询工具，查看用户所在小区周围是否存在商铺、商业综合体、步行街等。

(4) 对确定的疑似用户现场检查。

四、竣工检验

【业务知识】

(1) 供电企业接到用户的受电装置竣工报告及检验申请后，应及时组织检验。对检验不合格的，供电企业应以书面形式一次性通知用户改正，整改合格

电网企业营销稽查典型案例集 <<<

后进行复检,并将竣工检验结果以书面或网上国网 App 方式答复客户。

(2)《国家电网公司业扩报装工作规范(试行)》规定,应对用户受电容量、用电类别、供电电压、用电地址等进行验收,并签字确认。

【典型案例】

案例 7　竣工检验不到位导致容量错误

【案例描述】　2023 年 5 月,在开展用户超容量用电时发现,某供电公司用户王某月用电量长期超用电容量理论值,对用户业扩报装资料进行核查,该户 2022 年 10 月 25 日送电,申请报装容量为 500kVA,安装 500kVA 变压器一台,组织人员对用户开展现场稽查,用户现场实际有两台 500kVA 变压器,经调查,两台受电设备均为用户施工时安装,验收时只验收到产权分界点,对用户报装用户与现场实际容量未进行核实,导致用户用电容量不符。用户反映,报装时已表达要 1000kVA 用电容量的诉求。

【问题分析】　①客户工程竣工检验不到位,按《国家电网公司业扩报装工作规范(试行)》规定,客户工程竣工报验后,要对用户受电容量、用电类别、供电电压、用电地址等相关信息进行核对;②客户经理对国家电网公司业扩报装管理规定、规范等相关标准制度不熟悉,对客户工程验收内容了解,验收工作流于形式;③客户经理对产权分界点的定义和作用不清楚,对客户工程只验收到产权分界点,未按规定对客户产权内相关内容进行核对验收,导致营销业务系统合同容量长期错误。

【稽查要点】　用户报装容量、营销业务系统容量、用户现场实际用电容量的一致性。

【稽查方法】

(1)核查营销业务系统用户用电量长期超理论值的用户清单。

第一章 业扩报装

(2) 对清单中的用户核查业扩报装容量与营销业务系统合同容量的一致性,核查供电方案资料中受电设备容量和数量。

(3) 对核查均无问题的用户清单进行现场稽查,核查现场实际受电设备容量、台数等。

案例8 竣工检验不到位导致一址多户

【案例描述】 2021年7月,在开展一址多户专项稽查时发现,某食品加工企业同一用电地址在营销业务系统有两个用户档案,用电容量均为250kVA,分别执行一般工商业电价(单一制)。对用户现场实际用电情况进行核查,该户有三个厂房,分别为三条生产线,第一、第二条生产线分别由两台变压器供电,第三条生产线由两台变压器共同供电,用电设备无物理分隔且用户仅有一个土地权属证明、一个有效营业执照,该户实际为一户,通知用户所属供电企业立即整改,对两户进行并户整改,并清算差错电费。

【问题分析】 ①客户工程竣工检验不到位,未按《国家电网公司业扩报装工作规范(试行)》规定对客户工程进行验收,对现场实际与营销业务系统建档不符等情况验收时未及时发现;②客户经理对用户提供的报装资料审核把关不严,未严格执行业扩报装受理相关要求。

【稽查要点】

(1) 用户名称、用户用电地址、证件资料。

(2) 现场实际用电及供电情况。

【稽查方法】

(1) 核查营销业务系统查询同一用户名称、同一供电线路和同一用电地址或地址接近的用户清单。

(2) 对清单中的用户核查业扩报装证照资料、证件中的住所或经营地址等,营业执照和土地权属证明不齐全、不符合要求的视为异常。

11

（3）对证照资料异常的用户进行现场核查。

第二节 变 更 用 电

减容、暂停、暂停恢复、减容恢复等 12 项业务为变更用电业务。用户需变更用电时，应事先提出申请，并携带有关证明文件，到供电企业营业场所办理手续，变更供用电合同。

一、暂停（恢复）、减容（恢复）

【业务知识】

（1）工商业用户办理暂停（恢复）、减容（恢复）业务，办理后用电容量在 100kVA 及以下的，执行单一制电价；100～315kVA 的，可选择执行单一制或两部制电价；315kVA 及以上的，执行两部制电价，原执行单一制电价的（含 2023 年 5 月 31 日及之前办理减容后用电容量达不到相应标准执行或选择执行单一制电价的），可选择执行单一制或两部制电价。原执行两部制电价，办理暂停、减容后用电容量达不到相应标准执行或选择执行单一制电价的，恢复用电容量后达到 315kVA 及以上的，应继续执行两部制电价。

（2）用户申请暂停时间每次应不少于 15 天，每一日历年内累计不超过 6 个月，每次暂停时间少于 15 天的，暂停期间基本电费正常计收。每一日历年内累计暂停时间超过 6 个月的，可在暂停时间到期前申请办理减容。用户一个日历年内累计暂停期限达到 6 个月不恢复用电，又不办理减容的，自期满之日起，按合同约定的容量（需量）计收基本电费。

（3）供电企业在受理暂停、减容申请后，根据用户申请暂停、减容的日期对暂停、减容的受电变压器加封，从加封之日起，减收相应容量（需量）的基本电费。恢复用电时，启封当日计收基本电费。

【典型案例】

案例 9 永久性减容后功率因数错误

【案例描述】 某工业用户，合同容量 100kVA，功率因数考核标准设置为 0.9，功率因数执行异常。经核查，该用户于 2012 年 7 月 26 日新装送电，合同容量 1100kVA，用电类别为大工业用电，执行 10kV 大工业电价，功率因数考核标准为 0.9，2020 年 5 月，用户破产无法生产经营，办理永久性减容 1000kVA，减容后 100kVA 受电变压器用于警卫室用电。客户经理根据现场勘查结果，将用电类别更为"非居民照明"用电，电价变更为一般工商业（单一制），但未调整功率因数标准。2020 年 7 月 5 日，稽查人员通过营销业务系统电价抽查规则主题，筛查出异常，随即下发《营销稽查整改通知单》要求其完成整改。

【问题分析】 ①客户经理未按水利电力部、国家物价局《关于颁发〈功率因数调整电费颁发〉的通知》（83 水电财字第 215 号）的规定，对减容后客户未同步调整功率因数调整标准，造成力调电费执行错误；②业务审批人员未认真履行审批职责，对业务变更流程功率因数考核标准等重要参数审核把关不严，造成差错问题发生。

【稽查要点】

(1) 用户功率因数是否按标准执行，是否存在功率因数执行与政策不一致。

(2) 用户合同容量达到 100kVA 及以上是否按政策执行功率因数。

【稽查方法】

(1) 通过营销稽查监控系统在线稽查主题筛选 100kVA 及以上用户（居民除外）未考核功率因数的用户清单。

（2）通过营销稽查监控系统在线稽查主题筛选用户功率因数执行标准不符合政策标准的用户清单。

（3）通过营销业务系统对用户清单进行核查，核查用户合同容量、用电类别与功率因数标准是否符合政策规定。

案例10　临时性减容后计费方案错误

【案例描述】　某工业用户，合同容量500kVA，运行容量250kVA，执行大工业两部制电价，电价执行错误。经核查，该用户于2018年7月新装送电，行业为食品加工，执行一般工商业两部制电价。2020年5月26日用户因生产规模暂时减小，申请临时性减少用电容量250kVA，减容期限为2年。业务人员在营销业务系统发起减容流程，为用户办理临时性减容业务，减容时只停用了一台250kVA受电设备，未变更相关参数，导致用户用电类别、用电价格错误。稽查人员发现后通知相关单位立即整改用户档案、清退差错电费，并与用户做好沟通解释工作。

【问题分析】　①客户经理对销售电价政策不熟悉，按销售电价政策相关条款，用户申请暂停（减容）后，运行容量达不到两部制电价执行标准的，改为单一制电价，同步变更用户用电类别；②营销业务系统流程审批流于形式，审批人员对业务流程中明显错误的环节和业务未发现导致数据归档。

【稽查要点】

（1）用户用电类别、运行容量、定价策略是否与政策相符。

（2）2023年6月前办理的变更业务，运行容量小于315kVA的用户未执行单一制用电价格。

（3）2023年6月前，运行容量小于315kVA的用户计收基本电费。

【稽查方法】

（1）通过营销业务系统查询运行容量小于315kVA，用电类别为大工业、普通工业的用户清单。

（2）通过营销业务系统对清单内的用户在线核查，核对用户暂停（减容）时间、定价策略、电价等相关信息，确定异常用户清单。

（3）通过营销业务系统电量电费查询功能，对异常用户电费错误时间、金额进行追溯。

案例 11　暂停恢复后计费方案错误

【案例描述】　某工业用户，合同容量 500kVA，运行容量 250kVA，执行工商业单一制电价，2021 年 5 月 1 日申请启用暂停的 250kVA 变压器，启用后运行容量 500kVA，执行一般工商业单一制电价。

2021 年 10 月 20 日稽查人员在开展大工业用户基本电费核查时，发现该户未收基本电费，通过进一步核查，确认该户在暂停恢复后，由于业务人员工作差错，未变更用户用电类别和计费信息，导致该户电价执行错误，通知责任单位立即整改，并完成差额电费追收，并与用户做好沟通解释工作。

【问题分析】　①业务办理人员责任心不强、业务不熟练，按销售电价政策相关条款，用户申请暂停恢复后，运行容量达到两部制电价执行标准的，继续按两部制电价执行；②电费核算人员对大工业用户电费审核不严，对运行容量超过 315kVA 及以上工业用户无基本电费的明显异常未及时发起异常，要求相关人员进行核查，导致电费差错。

【稽查要点】

（1）用户用电类别和计费信息是否严格按销售电价政策执行。

（2）应执行两部制电价的用户是否计算基本电费。

【稽查方法】

（1）通过营销业务系统查询运行容量大于 315kVA，用电类别为非居民照明、普通工业的用户清单。

（2）通过营销业务系统对清单内的用户在线核查，核对用户暂停前是否执行两部制电价，现档案计费信息是否正确，确定异常用户清单。

（3）通过营销业务系统电量电费查询，查询是否计收基本电费。

二、过户、分户、并户、更名

【业务知识】

（1）过户业务适用于用电地址、用电容量、用电类别不变的条件下，由于客户产权关系的变更，为客户办理用电主体变更的业务。

（2）分户业务适用于两台及以上变压器的专用变压器客户，将一户分为两户及以上的变更业务。原客户作减容处理，被分出户按新增客户办理，分户后总容量之和不得超过原户容量。并发后的减容和新增业务按减容和新增业务标准及服务规范处理。

（3）并户业务适用于专用变压器客户同一供电点、同一用电地址的相邻两个及以上客户并户的变更业务。被合并客户按销户流程办理，主户按高压增容业务办理，并户后容量不得超过原户容量之和。并发后的增容和销户业务按增容和销户业务标准及服务规范处理。

（4）工商业用户办理过户、分户、并户业务，视为用电主体发生变更。变更后的新用户用电容量在100kVA及以下的，执行单一制电价；100~315kVA的，可选择执行单一制或两部制电价；315kVA及以上的，执行两部制电价。

【典型案例】

案例12　过户业务办理不合规

【案例描述】　居民用户王某，低压220V供电，执行居民生活用电价格，2022年营业普查时发现该户营销业务系统用户名称和身份证名称不一致，随即在营销业务系统发起过户流程对用户名称进行纠错。稽查人员在抽查营销普查质量时发现，该户实际用电主体未发生变更，业务人员将更名业务按过户办理。

【问题分析】 ①客户经理对营销业务系统变更用电业务不熟悉，变更用电业务流程使用错误，用户仅名称错误，用电主体并未发生变更，应办理更名业务，但按过户业务办理；②培训工作不到位，营销业务系统已运行近15年，业务人员对系统业务流程仍不熟悉，业务办理不合规。

【稽查要点】

(1) 用户申请资料和证件资料。

(2) 营销业务系统业务流程。

【稽查方法】

通过营销业务系统、档案系统，现场核查用户证件资料、法人信息等是否发生变更。

案例13 分户业务办理不合规

【案例描述】 某高压用户，2020年5月5日新装送电，供电电压10kV，安装两台250kVA变压器，执行大工业两部制电价，2022年5月10日申请分户，业务办理人员在营销业务系统发起分户流程，将该户分为两户，分户后两户各一台250kVA变压器，分别执行一般工商业单一制电价。2022年7月开展大工业用户电价执行专项稽查时，对分户后的两户证件资料和现场进行核查，发现被分出户营业执照住所地不在该用电地址且无土地权属证明。对用户开展现场核查，该户现场两个生产车间、办公楼均存在交叉供电情况，新分出户营业证照属其他城市，无土地权属证明，确定该户属于一户，分户业务办理不合规。

【问题分析】 ①客户经理对过户业务不熟悉，对用户申请过户的资料未认真审核，无效资料办理业务导致过户业务办理不合规；②客户经理工作责任心不强，未严格落实变更用电工作要求，对分户用户未现场勘查，导致分户业务办理错误；③客户经理对分户业务适用范围和定义不清，将分户业务简单理解为一户分为两户的业务，未进行现场勘查将用户进行分户，导致电费电价执行错误。

【稽查要点】

（1）用户证照资料和土地权属证明。

（2）用户现场供电情况和用电情况等。

【稽查方法】

（1）通过营销业务系统、档案系统核查用户证件资料、法人信息、土地权属证明等资料。

（2）核查分出户和被分出户现场是否存在交叉供电、用电设备混用、办电资料无效等情况。

案例14　并户业务办理不合规

【案例描述】　某高压用户，2018年12月5日新装送电，供电电压10kV，安装一台50kVA变压器用于塑料膜加工，执行一般工商业单一制电价，2019年11月9日申请将另一户塑料膜加工厂与该户合并，业务办理人员在营销业务系统发起并户流程，将两户合并为一户，被并户销户。并户后用户用电容量100kVA，执行一般工商业单一制电价。2022年5月被并用户发现被销户，到营业厅要求恢复原用户。经现场调查核实，该户并未收购被并用户产权，两户之间仍为独立用电主体且两户不在同一用电地址，该户仅暂时租用被并用户工厂，主要诉求为实现一起缴费。

【问题分析】　①客户经理对并户业务不熟悉，未充分理解客户诉求且用户单方面提出业务诉求，未按并户要求审核双方资料即发起并户业务，将不同用电主体的用户合并为一户；②客户经理工作责任心不强，未严格落实变更用电工作要求，对并户用户未现场勘查，导致并户业务办理错误；③客户经理对并户业务适用范围和定义不清楚，将并户业务简单理解为合并缴费，导致业务办理差错。

【稽查要点】

（1）并户与被并户双方证照资料。

（2）用户用电地址、供电情况、用电情况等。

【稽查方法】

（1）通过营销业务系统、档案系统核查并户用户提交的相关材料。

（2）核查并户和被并户现场用电地址是否相邻，是否符合并户规定。

案例 15 更名业务办理不合规

【案例描述】 居民用电户张某，低压 220V 供电，执行居民生活用电价格，2022 年营业普查时发现该户营销业务系统用户名称与用户提供的身份证姓名、不动产证姓名不一致，随即发起更名流程对用户名称进行纠错，稽查人员在抽查营销普查质量时发现，该户实际用电主体已发生变更，业务人员将过户业务按更名办理。

【问题分析】 客户经理对营销业务系统变更用电业务不熟悉，变更用电业务流程使用错误，该房屋为现业主购买，房屋产权已发生变更，用电主体同时发生变更，应办理过户业务，但按更名业务办理，业务办理不合规。

【稽查要点】

用户证件、不动产证等资料与用户名称一致性。

【稽查方法】

通过营销业务系统、档案系统、现场核查用户证件及不动产证等资料是否与用户名称一致。

三、销户

【业务知识】

(1) 用户销户，须向供电企业提出申请；销户必须停止全部用电容量的使用。

(2) 经现场勘查具备直接拆除计量装置条件的，应当场完成计量装置拆除；对于需停分界设备方能拆除计量装置的，应在分界设备停电操作后方可拆除；现场拆除计量装置严格按计量装置装拆作业要求，准确记录表计底码、拆表时间等信息，并由客户在纸质电能计量装接单或移动作业终端上签章或电子签名确认。

(3) 完成抄表示数录入，根据算费结果进行欠费追收和电费清退。

【典型案例】

案例 16　销户用户未清退电费余额

【案例描述】　居民用电户李某，低压 220V 供电，执行居民生活用电价格，安装本地费控智能表，2022 年 7 月开展营销业务合规管理专项稽查时，发现该户已销户但有电费余额。经核查，用户于 2022 年 5 月 3 日申请销户，5 月 5 日销户流程归档，业务办理人员在销户时，结清用户欠企业电费，但未清退用户购电余额，导致销户用户有余额异常。

【问题分析】　①客户经理对销户业务不熟悉，用户申请销户未按规定结清双方债务即对用户进行销户，销户业务办理不合规；②培训工作落实不到位，业务人员对传统业务办理及相关政策的学习不扎实，异常问题前清后乱。

【稽查要点】

(1) 销户用户旧表止码是否结清，欠费是否结清。

(2) 销户用户是否存在电费余额未清退。

【稽查方法】

(1) 通过营销稽查监控系统"销户用户有余额"在线稽查主题核查异常用户清单。

(2) 通过营销稽查监控系统"拆尾走码与采集系统不一致"在线稽查主题核查异常用户清单。

案例17 违规注销用户用电账户

【案例描述】 某供电公司辖区某街道警务站，低压220V供电，执行非居民照明用电价格。2018年7月开展新立户不满一年即销户的用户时，发现该户营销业务系统2017年5月9日立户，2017年11月5日销户，随即判定为异常对用户销户情况进行调查。经调查，该户为警务站照明用电，用电量较小，电费由当地财政统一支付，因财政经常不能按时缴费，为了保证电费回收率，将用户在营销业务系统进行销户处理，现场实际在用。

【问题分析】 责任单位对工作人员管理不到位，未树立正确的工作理念，工作遇到困难未积极协调解决，采取不合规手段办理业务。

【稽查要点】

(1) 销户用户旧表止码是否结清，欠费是否结清。

(2) 销户用户是否存在电费余额未清退。

【稽查方法】

(1) 通过营销稽查监控系统"销户用户有余额"在线稽查主题核查异常用户清单。

(2) 通过营销稽查监控系统"拆尾走码与采集系统不一致"在线稽查主题核查异常用户清单。

第三节　小微企业接入

【业务知识】

小微企业客户需同时具备以下三个条件：①有政府主管部门颁发的营业执照；②用电容量在160kVA及以下；③用电类别为非工业、普通工业、商业用电、农业生产用电。

需特别注意：①政府机关（含绿化、道路等市政管理部门）、部队、学校、银行以及电信、移动、联通、铁塔公司等明显不属于"小微"或"企业"范畴的用电客户不纳入小微企业范围；②无论是否低压接入，只要具备上述三个条件，均为小微企业客户。

【典型案例】

案例18　小微企业认定错误

【案例描述】 2021年7月，某供电公司开展优化营商环境政策落实情况专项稽查时，对各单位小微企业容量超范围开放的情况进行核查，核查是否存在非小微企业但采用低压接入的情况，核查中发现某政府机关驻点单位，用电容量100kVA，该客户证照资料为组织机构代码证，用户档案扩展属性标签为"小微企业"，属小微企业认定错误，接入容量超范围开放。

【问题分析】 ①业务人员对小微企业认定标准不清楚，政府机关不属于"企业"范畴，非小微企业范围，小微企业认定错误；②业务人员在开展小微企业认定时，未严格落实小微企业认定标准，未认真核对客户提供的证照资料，导致认定错误，低压接入超范围。

第一章 业扩报装

【稽查要点】

（1）政府机关、部队、学校、银行等客户档案用户属性是否为小微企业。

（2）电信、移动、联通、铁塔等公司客户档案用户属性是否为小微企业。

【稽查方法】

（1）通过营销系统档案查询，核查用户名称为政府机关、部队、学校、银行的客户档案用户属性是否为小微企业。

（2）通过营销系统档案查询，核查用户名称为电信、移动、联通、铁塔的客户档案用户属性是否为小微企业。

案例 19　小微企业容量开放未落实

【案例描述】　2021 年 7 月，某供电公司开展优化营商环境政策落实情况专项稽查时，对各单位用电容量 160kVA 及以下的小微企业未采用低压接入的情况进行核查。核查中发现某用电容量 160kVA 的经营性企业，证照资料为营业执照，经营范围为食品加工行业，营销业务系统用户档案扩展属性标签为"小微企业"，未采用低压接入，经核实，由于就近公用变压器容量较小，无法满足用户用电负荷接入，供电企业申报配套项目预计 2022 年建设投运，用户迫切用电，申请采用高压方式接入，自行购置并架设专用变压器。

【问题分析】　①相关单位未严格落实优化营商环境相关制度政策及先接入后改造的要求，对 160kVA 及以下的小微企业采用低压接入的规定，对符合低压接入标准的用户未采用低压接入；②相关单位用电负荷预测工作流于形式，对本单位配网情况不了解，无长远规划，导致小微企业容量开放落实不到位。

【稽查要点】

（1）办电过程中是否存在漠视群众诉求的情况。

23

(2) 供电方案是否合理，"三零"项目投资否到位。

(3) 供电方案是否存在人为提高供电方案标准的情况。

【稽查方法】

(1) 电话回访、现场走访与客户交谈了解客户办电过程中是否存在漠视群众诉求的情况。

(2) 实地检查现场供电条件，核查供电方案是否合理，"三零"项目投资是否到位。

(3) 实地检查现场供电条件，判断是否存在人为提高供电方案标准的情况。

案例20　小微企业接入容量超标准

【案例描述】　2021年7月，某供电公司开展优化营商环境政策落实情况专项稽查时，对各单位小微企业超容量、超范围接入情况进行核查，发现某食品加工公司用电容量160kVA，用户类别为普通工业用电，采用低压方式接入就近公用变压器。通过采集系统监测，该用户有功功率持续超用电容量。经核实，该用户申请用电时，报装容量为160kVA，随即开展现场核查，经核查，该户属小微企业，但现场实际用电设备为200kW，不满足小微企业低压接入标准，应采用高压接入。

【问题分析】　①相关单位未严格落实优化营商环境相关制度政策，对采用低压接入的小微企业在现场勘查和竣工验收时，未认真核对客户用电容量，导致小微企业接入容量超标准；②业务人员未定期做好小微企业用电检查工作，未向客户明确告知小微企业接入标准及私自增容属违约行为，造成小微企业容量接入超标准，同时存在用电安全隐患。

【稽查要点】

(1) 小微企业用户是否存在超容用电情况。

(2)供电方案是否存在人为降低供电方案标准的情况。

【稽查方法】

(1)通过采集系统,定期监测小微企业用电情况,核查是否存在超容用电。

(2)实地检查现场供电条件,核查供电方案是否存在人为降低供电方案标准的情况。

案例 21　小微企业投资不到位

【案例描述】　2021年7月,某供电公司开展优化营商环境政策落实情况专项稽查时,对小微企业红线投资情况进行核查,发现用电容量160kVA的某砂场,用户类别为非工业用电,采用低压380V接入就近公用变压器,现场走访客户,客户反映组合计量柜为自己出资购买,经与该供电公司核实,由于客户用电容量已超过100kVA,需安装组合式计量箱(柜),但供电公司无相关资产库存,客户用电需求较为迫切,因此自行出资购买。

【问题分析】　①供电单位未有效落实优化营商环境相关制度政策,未按要求延伸电网投资界面至客户红线,增大客户办电成本;②供电企业对本单位市场情况不了解,年度计划的计量资产需求不合理,资产库存缺乏导致无法满足报装用电需求。

【稽查要点】

(1)办电过程中是否存在漠视群众诉求的情况。

(2)供电方案是否合理,"三零"项目投资否到位。

(3)供电方案是否存在人为提高供电方案标准的情况。

【稽查方法】

(1)电话回访、现场走访与客户交谈了解客户办电过程中是否存在漠视群众诉求的情况。

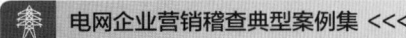

(2) 实地检查现场供电条件,核查供电方案是否合理,"三零"项目投资否到位。

(3) 实地检查现场供电条件,判断是否存在人为提高供电方案标准的情况。

第二章 电费电价

电费管理是电力企业产供销过程中的最后一个重要环节，主要内容包括抄表、电费核算和电费回收等。根据国家标准的电价标准、供电营业规则、功率因数调整电费办法以及相关规定，开展电费核算工作。

第一节 抄表管理

用电信息采集系统是通过对配电变压器和终端客户的用电数据采集和分析，实现用电监控，推行负荷管理、线损分析等功能的一套智能系统，是智能电网的重要组成部分。不仅可对计量装置进行在线检测，而且可对客户负荷、电量、电压等重要信息进行实时、完整、准确地采集，为企业经营管理各环节的分析、决策提供支撑。

【业务知识】

（1）抄表数据检测主要是对客户抄表数据进行采集、分析，监测计量装置运行状态以及客户异常用电情况。抄表数据异常主要包括电能表示数值不平、飞走、停走、需量异常等。

（2）负荷监测主要是对客户用电负荷数据进行采集、分析，监测计量装置异常运行情况。抄表数据异常主要包括电压失压、电压断相、电流失流、电流不平衡、电压越限、电压不平衡等。

（3）用电异常监测主要是对上报的各项告警信息进行监测分析，用于发现计量装置异常运行情况，分析客户异常用电行为。用电异常监测主要监测超容量用电、过电流、负荷持续超下限、功率因数异常、反向电量异常等情况。

【典型案例】

案例 22　抄表示数异常

【案例描述】　2021年7月，某供电公司通过营销稽查系统抄表异常在线稽查主题，发现用电某能源有限公司1号站用变压器与变电站1号SVG计量表计抄表示数提示异常，随即对该户开展现场调查，通过实地核实，确认客户两块电能表营销业务系统示数抄反。某能源有限公司为发电客户，2016年8月12日投运，抄表异常计量点为发电厂下网计量点用电，现场终端内站用变压器通道号为32号，而在关口系统内1号站用变压器采集通道号为23号，23号通道在现场对应间隔为1号SVG，关口采集系统档案错误，因关口档案错误营销系统内采集电量为1号SVG电量，营销系统2016年8月~2021年6月发行电量小于表计实际用电量，7月按正确走码录入。追收用户2016~2021年期间少计电量电费，用户用电量为发电厂检修调试阶段的下网用电量，执行大工业目录电价。

【问题分析】　①某供电公司工作人员在营销业务系统建档立户后未认真核对用户采集测量点、表址、参数信息等，档案信息错误导致采集数据错误；②某供电公司工作人员未履行《国网公司抄核收管理规则》，对大客户按规定期限进行现场抄表，核对抄表示数，造成两套计量抄表示数营销系统长期抄反。

【稽查要点】

（1）自备电厂下网电量与同类自备电厂对比是否正常。

(2)计量装拆单与营销业务系统信息是否一致。

【稽查方法】

(1)对自备电厂上下网电量进行比对,是否符合正常用电逻辑,对明显不符合逻辑的用户判定为疑似用户。

(2)对疑似用户进行装表单据、现场核对。

案例 23　换表后采集示数为零

【案例描述】　2020年10月,某供电公司通过营销稽查系统换表后采集示数为零主题,发现8月19日某用户张某电能表改造更换后,新电能表采集示数为零,8、9月未发行电量。经核查,张某为低压用电客户,2001年10月立户,2008年1月更换为智能电能表,更换新电能表后8、9月采集示数为零,现场电能表示数为12(5)26,追补用户8、9月少计电量。

【问题分析】　①工作人员未履行抄表相关规定,对连续3天采集失败的用户未现场进行调试,导致采集长期不通;②工作人员未履行《国家电网公司抄核收管理规则》,对采集失败用户未现场补抄,对新装用户首月未现场核查。

【稽查要点】

(1)对营销业务系统抄表示数连续为0且采集失败的用户进行数据抽取。

(2)对异常用户清单进行现场核查,重点核查采集情况、实际走码等。

【稽查方法】

(1)对营销稽查监控系统"拆尾示数与采集系统最后一次示数不一致"的在线稽查主题异常明细进行分析。

(2)核对异常明细中用户底码和旧表照片底码,无旧表照片或底码不清楚的核对实物电能表。

案例 24　用户申请销户时反向示数异常

【案例描述】　2022年5月12日,某客户申请销户,现场工作人员进行拆表时发现电能表反向有功总有走字且底码值较大。经核查,该用户电能表接线错误导致反向有功计量部分用电量,查询营销业务系统电量电费,反向有功电量未结算,用户用电量少计。

【问题分析】 ①现场装表人员因工作失误,电能表接线错误,无源用户下网电量原则上应计入正向,营销业务系统不支持反向有功电量结算;②工作人员未落实新投运计量装置按规定验收的工作要求,用户电能表接线错误未及时发现,导致电量少计。

【稽查要点】

(1) 现场发生电能表更换、新装时,接线方式应严格与系统保持一致,无源用户下网电量原则上应计入正向。

(2) 用户拆除旧表时,必须核对旧表底码,录入拆除电能表实时底码,当反向有功有走字,营销系统无该示数类型时,应将反向走字累加至正向底码,追回少计电量。

【稽查方法】

(1) 根据"销户、换表拆尾底码小于采集底码"等抽查规则进行核查,当用户拆表底码小于采集系统最近一次冻结值时,拆尾电量录入错误,应进行电量电费追收。

(2) 核查用电信息采集系统"反向有功有走字用户"清单,剔除有源用户,逐户开展核查比对,确定是否存在少计电量电费情况。

案例 25 示数类型结算标识错误导致电量计算错误

【案例描述】 2023 年 5 月 28 日,某客户申请报装用电,发起新装流程时,业务人员在制订电能表方案时,错误将三项四线电能表有功总、峰、平、谷示数类型中复核标志添加为"参考示数",2023 年 6 月应收电量、电费均为 0,造成用户电费少收情况。

第二章 电费电价

【问题分析】 业务受理人员在流程中未正确录入电能计量方案导致算费错误，示数类型"总、尖峰、峰、谷"应选择"结算示数"，示数类型"平"应选择"复核示数"。

【稽查要点】

（1）结算电能表"总、尖峰、峰、谷"示数类型，复核标识应为"结算示数"，"平"示数类型，复核标识应为"复核示数"；主副表用户副表电量不结算时，复核标识为"参考示数"；反向电量参与结算的"反向有功总、反向尖峰、反向峰、反向谷"示数类型，复核标识为"结算示数"，"反向平"示数类型，复核标识为"复核示数"。

（2）执行两部制电价的用户须添加"需量"示数类型，执行功率因数调整的用户必须添加"正向无功、反向无功"示数类型，复核标志均为"结算示数"。

【稽查方法】

（1）通过营销稽查监控系统设置"用户档案示数类型和复核标识不符"的在线稽查主题，筛选异常用户清单。

（2）对疑似异常用户在营销业务系统核查用户示数类型和标识。

案例 26 示数录入错误导致子表电量扣减错误

【案例描述】 某 100kVA 一般工商业用户 A，因现场不满足直接装表计量条件，现场用户 B 通过 A 用户进行转供接带供电，2022 年 8 月抄表算费时，提示"主表不够子表扣减"，经核实，本月 A 用户电量未抄录成功，抄表员在未现场抄表的情况下人为将上月底码录入到本月，导致 A 用户（主表）电量为 0，主表、子表均无法算费问题。

【问题分析】 ①抄表人员未严格履行抄表职责，当采集抄表失败时，未采取措施进行现场补抄，估抄走码导致电量错误；②采集调试人员未按规定时

31

限对采集失败用户进行现场消缺,导致抄表数据采集失败。

【稽查要点】

(1) 转供电用户主表、子表营销业务系统转供关系设置是否正确。

(2) 有主、子表扣减关系的用户是否在同一个抄表段。

【稽查方法】

(1) 通过营销业务系统存在转供关系的用户清单。

(2) 核查用户是否在同一抄表段,抄表日期是否相同。

第二节 电费核算

一、电厂电费电价

【业务知识】

(1)《关于保持自治区低电价优势试行的实施意见》(新政发〔2013〕51号)规定:进一步优惠企业自备电厂的基本电费,按(企业并网变压器装机容量—自备机组容量×80%−双方商定下网电量折算基本容量)×40%的标准执行。当公式计算的基本容量小于双方商定下网电量折算的基本容量时,按双方商定下网电量折算的基本容量计算。即双方商定下网电量/8000h,基本电费执行最大需量电价。

(2)《关于做好当前经济工作推进经济工作持续健康发展的意见》(新党办发〔2016〕7号)精神,新疆维吾尔自治区电解铝企业自备电厂备用费标准建立价格联动机制。自治区发改委每月末最后一天公布当天(24h)长江电解铝现货价格,确定下个月自备电厂备用费执行标准。

(3) 当长江电解铝现货价格为12 000元/t及以下时,自备电厂备用费标准220kV0.018元/(kW·h),110kV0.022元/(kW·h),35kV0.025元/(kW·h);

当长江电解铝现货价格为 12 000～13 000 元/t 时,自备电厂备用费标准 220kV0.023 元/(kW·h),110kV0.027 元/(kW·h),35kV0.03 元/(kW·h);当长江电解铝现货价格为 13 000 元/t 以上时,自备电厂备用费标准 220kV0.028 元/(kW·h),110kV0.032 元/(kW·h),35kV0.035 元/(kW·h)。

(4) PVC、电石等生产企业自备电厂备用费标准参照电解铝备用费浮动价格进行浮动。

(5) 发电企业启动调试阶段或由于自身原因停运向电网购买电量时,执行大工业用电电度电价标准,不收取基本电费。分布式电源启动调试阶段或由于自身原因停运向电网购买电量时,按期对应用户主行业用电价格执行。

【典型案例】

案例 27 并网自备电厂基本电费错误

【案例描述】 2020 年 7 月在开展自备电厂专项稽查时,发现某水泥厂基本电费收取异常。经调查,该户合同容量 39 500kVA,供电电压 110kV,2018 年 1 月以 10kV 电压接入新疆主电网运行,接网变压器容量为 3200kVA,发电机组 7500kW,2018 年 4 月 1 日与供电企业签订并网原则协议,有效期至 12 月 31 日,协议约定主网年下网电量不低于 0.42 亿 kW·h(上下网电量不互抵),下网基本容量 8300kVA。该户营销业务系统 9 个月下网基本容量按 6400kVA 计算,少计基本电费。2019 年 3 月 28 日签订协议,约定下网基本容量 8300kVA,1～4 月营销系统下网容量基本电费按 6400kVA 计算,少计基本电费。

【问题分析】 ①未严格执行合同管理办法,用户自备电厂与电网企业并网未及时签订并网原则协议,造成用电安全风险和政策落实滞后;②核算人员业务技能欠缺,对自备电厂电费电价政策不熟悉,用户基本电费计费容量发生变化时未及时核实,年底未按下网电量完成情况对基本电费进行清算,造成少计基本电费；③自备电厂管理不到位，并网原则协议签订滞后且未严格落实协议内容。

【稽查要点】

（1）经济结算协议中约定下网基本容量准确性，协议签订及时性。

（2）营销业务系统日历年下网电量是否完成，下网基本容量计费值与经济计算协议约定是否相符。

（3）未完成年度约定下网电量的是否进行基本电费清算。

【稽查方法】

（1）核查自备电厂经济结算协议，重点核对下网基本容量是否按政策约定、下网电量是否约定。

（2）通过营销业务系统查询用户全年基本电费计费容量是否按协议执行，执行周期是否按日历年。

（3）通过营销业务系统核查用户约定年下网电量是否完成（剔除自发自用电量），未完成的是否按协议约定清算电费。

案例28 并网自备电厂备容费错误

【案例描述】 2020年7月在开展自备电厂专项稽查时，发现某自备电厂用户备容费计收异常。经调查，该户主要从事煤炭开采，合同容量70 000kVA，供电电压220kV，计量点电压110kV，自备50 000kW发电机组，2019年5月～2020年6月备容费价格按110kV电压等级执行，备容费价格执行错误。

【问题分析】 ①业务人员对备容费收费政策不清楚，未按供电电压执行电解铝备用费浮动价格，造成备容费计收错误；②核算人员业务技能欠缺，对自备电厂备容费政策不熟悉，备容费价格错误未及时发现；③培训工作不到位，业务人员对自备电厂政策不清楚，工作存在滞后现象。

第二章 电费电价

【稽查要点】

(1) 备容费价格是否按政策执行。

(2) 每月是否按政府公布的当月电解铝价格计收备容费。

【稽查方法】

(1) 通过营销业务系统查询用户自发自用电量及备容费计收情况。

(2) 核对营销业务系统用户备容费价格与当月政府公布的电解铝价格是否一致。

案例 29　公用电厂下网电价错误

【案例描述】　2020年7月在开展公用电厂下网用电专项稽查时，发现供电公司某生物发电厂，10kV供电，执行50%居民生活用电价格，40%购网用电价格，10%非居民照明用电价格。2017年5月送电起，月均下网电量60万kW·h，高峰月用电量达到90万kW·h，判定为用电价格执行错误，对该户开展现场稽查。经现场核实，该户日常所需发电原料生产加工用电、生活用电和办公照明均未使用本发电厂所发电力，由于新能源上网电量最终价格较高，所发电量全部上网，日常生产生活用电和办公用电负荷用电全部从主网下网，生活用电和办公负荷仅占5%左右，检修调试阶段用电量较小且投运期间仅开展较少次数检修，随即派发整改通知单，通知相关供电单位追收损失电费，重新核定生活、办公照明比例和生产用电价格。

【问题分析】　①业务人员对发电企业电价政策不了解，销售电价政策规定，发电企业启动调试阶段或由于自身原因停运向电网购买电量时，执行大工业用电电度电价标准，不收取基本电费，但该发电企业下网电量用户正常生产生活用电，应按正常用电价格执行相应电价，电价执行错误；②现场勘查人员业务能力不足，用户计费方案制订错误，审核人员对供电方案审核把关不严，对公用电厂居民生活用电定比过高的情况未重视，导致高压新装用户计费方案错误;③电费核算人员业务能力不足,工作责任心不强,对系统完全依赖,对大用户未履行逐户审核的职责,执行购网用电价格的公用电厂用户长期下网电量明显异常的情况未及时发起异常进行现场核实,导致电费长期差错;④用电检查工作不到位,该户送电已近5年时间,现场居民生活用电仅有少量宿舍且长期异常未发现,导致电价执行长期错误。

【稽查要点】

(1) 发电企业下网电量是否合理,是否仅在检修调试阶段从主网购买电量。

(2) 发电企业是否每月从主网购买电量。

【稽查方法】

(1) 通过营销业务系统查询发电厂下网用户每月是否有用电量。

(2) 通过用电信息采集系统查询发电厂用户下网用电日常是否存在用电负荷。

案例30 公用电厂上下网电量互抵

【案例描述】 2021年7月在开展公用电厂专项稽查时,发现某火力发电厂用户购网电量长期未结算。经调查,该户主要从事火力发电,装机容量2×330MW,合同容量20 000kVA,供电电压220kV,计量点电压220kV,结算表计正向电量为上网电量,反向为下网电量,上网电量按《购售电协议》结算公式为正向电量—反向电量,经核实该电厂为末端电厂,不存在功率穿越,历年下网电量均未结算,上下网结算存在差价。

【问题分析】 ①《购售电协议》将不存在功率穿越的末端电厂上网电量按正向电量—反向电量计算,存在不合理,未按《关于规范与统调电厂购售电合同管理的通知》(国户电网交易〔2010〕901号)要求,发电厂上网电量和用网电量要分别结算,不得相互抵扣;②业扩报装人员在办理电厂新装手续时未

第二章 电费电价

充分组织调度、电费等专业人员沟通电厂上下网电量计量方案及下网电量结算事宜，造成合同签订错误；③相关单位抄核收管理不规范，对公用电厂下网电量长期未结算的情况未引起重视，用电检查和稽查工作不到位，对重点用户电费电价执行规范性未开展检查与稽查，导致异常未及时发现。

【稽查要点】

(1)《购售电协议》电厂上下网结算方式。

(2) 公用电厂是否存在功率穿越。

【稽查方法】

(1) 通过调度 open3000 系统核实电厂上下网潮流方向。

(2) 核对营销系统公用电厂购网电量是否长期未结算。

(3) 核对《购售电协议》签订是否正确。

二、基本电费错误

【业务知识】

(1) 基本电费有以下三种计费方式，由用户根据自身用电特性，分别为按变压器容量、按实际最大需量、按合约最大需量自愿选择。

1) 变压器容量。运行受电变压器总容量乘以容量价格即为应收基本电费。

2) 实际最大需量。电能表实际计量的最大需量值乘以需量价格即为应收基本电费。

3) 合约最大需量。供用电合同中约定的最大需量值乘以需量价格即为应收基本电费，约定的合约最大需量值不得小于运行受电变压器总容量的 40%，低于 40% 时按 40% 确定。当结算周期内电能表实际计量的最大需量值超过合约最大需量值的 105% 时，超过部分加一倍收取，即计费需量值＝合约最大需量值＋(实际最大需量值—合约最大需量值×105%)×2。

(2) 基本电费计费方式按自然季度变更，用户本季度内申请变更基本电费

37

计费方式的，自下一季度首月生效。选择按合约最大需量方式计收基本电费的，合约最大需量值可按自然月变更。

（3）基本电费按月计算。用户运行受电变压器容量发生变化，当月基本电费分段计算，累加计收。用户新装、销户、过户、改类和全停全启，当月基本电费按实用天数计算，计算公式为基本电费＝计费容量（需量）×基本电价×1/30×实用天数。

（4）用户选择按变压器容量方式计收基本电费的，其备用的变压器，属冷备用状态并经电网企业加封的不收基本电费；属热备用状态或未经加封的，不论使用与否都计收基本电费。在一次侧装有连锁装置互为备用的受电变压器，按可能同时运行的受电变压器总容量作为计费容量计收基本电费。

（5）按最大需量计收基本电费的两路及以上进线用户，若各路进线之间互为闭锁，不可能同时运行，应取各路进线的最大需量值之中的最大值作为用于结算的最大需量值；若存在可同时运行的进线，应按可同时运行的进线最大需量值之和计收基本电费。

（6）计算转供户的基本电费计费容量（需量）时，应扣减被转供户的实际用电容量（或最大需量）。转供户和被转供户均按容量计收基本电费时，转供户的基本电费计费容量，按被转供户的基本电费计费容量扣除；其他情况，转供户的基本电费计费容量（需量），均按被转供户的折算最大需量扣除。扣减后转供户的基本电费计费容量（需量）不大于0时，按0计收。

（7）对执行两部制工商业输配电价的污水处理设施和电动汽车充换电设施用电，按国家政策规定2025年年底前免收基本电费。

【典型案例】

案例31 双电源用户基本电费错误

【案例描述】 2020年4月，在进行电量电费专项稽查时，发现某石油公司 2018 年 1 月立户，供电电压 35kV，合同容量 20 000kVA，用于石油开采与生产销售。客户为双电源供电，电源性质一主一备（冷备），营销系统设置两个受电点，两套计量分别计费，2018 年 1 月～2019 年 12 月，基本电费按合约需量计收，2020 年 1～4 月基本电费按实际抄见需量最大一路计收，经查营销系统每月用电量，该户两套计量长期用电量较大，疑似为主用电源，核查用电信息采集系统用电负荷，发现该户两路电源长期同时供电，为两路电源常供，确认基本电费少计，随即派发异常整改通知单至相关单位调查整改。经现场核查，两路电源均为主供电源且长期运行，基本电费应累加计收。用户 2018 年 1 月送电后，基本电费选择按合约需量执行，需量核定值 8000kVA，2019 年 12 月申请变更基本电费计费方式，由合约需量变更为实际抄见需量，2020 年 1 月起执行，该户 2018 年 7～9 月两套计量抄见值累计超过需量核定值。

【问题分析】 ①客户经理在营销业务建立客户档案时，将两路主供电源错误设置为一主一冷备，导致基本电费少计；②客户工程验收不到位，供电方案为一主一冷备，但现场实际为两路常供，档案长期错误未及时发现；③抄表人员职责履行不到位，新装用户送电后未通过采集系统监测用户用电情况，导致基本电费长期少计，电费核算人员未按要求对新装大工业客户逐户审核，在用户两套计量均出现大电量时，未及时发起异常进行现查核实，用电检查人员未认真履行大客户用电检查，对客户现场实际与系统不符的未及时发现；④各单位业扩、电费、用检及稽查等专业对公司通报的异常问题未给予足够重视，对前期公司稽查已发现并通报的重、较大问题未举一反三进行排查规范，导致同类问题屡禁不止。

【稽查要点】

（1）用户为两路及以上电源供电时，电源类型是否全部为主供或热备用电源。多路长供用户营销业务系统建档是否正确，是否正确设置计费关系。

（2）选择合约最大需量计收基本电费的客户，需量核定值低于运行变压器容量和高压电动机容量总和的 40% 时，是否按 40% 计收；电能表实际最大需量值大于合约值 105% 时，超出部分是否翻倍计收。

（3）选择按最大需量计收基本电费的客户，基本电费是否按多路常供累计加收。

【稽查方法】

（1）通过营销业务系统筛基本电费计费方式按合约最大需量和实际最大需量执行的大工业用户。

（2）在营销业务系统核查用户建档情况，对同一受电点下存在两个及以上大工业计量点的用户，核查每块电能表用电量；对于多块电能表同时存在大电量且计量点间未设置计费关系的用户判定为疑似用户。

（3）通过用电信息采集系统核查相关电能表负荷曲线、电压电流及示数等，对于电能表同时运行的用户开展现场核查。

案例 32　流程错误导致基本电费错误

【案例描述】　某大工业用户变压器容量 1500kVA，按容量计收基本电费，2022 年 2 月 10 日申请将基本电费计费方式变更为按实际最大需量方式，业务受理人员根据用户申请直接发起了改类流程，未通过"计费方式变更流程"更改基本电费计费方式，导致基本电费计费方式未按"自然季度"生效，基本电费计算错误，根据系统发行电费结果，将 2、3 月基本电费按容量方式进行清算。

【问题分析】　①由于业务受理人员对营销业务系统基本电费计费方式变更流程不熟悉，发起流程错误，应根据用户申请发起"计费方式变更"流程，实现基本电费计费方式按"自然季度"生效；②业务受理人员应履行一次性告知义务，用户申请更改基本电费计费方式的，应根据政策文件要求，告知用户基本电费变更生效时间。

【稽查要点】

（1）用户基本电费计费方式变更流程中基本电费计费方式生效日期与用户申请资料是否一致。

（2）用户申请变更基本电费计费方式，未按季度进行变更。

【稽查方法】

（1）核查营销业务系统变更基本电费计费方式工单，确定是否存在因流程发起错误导致用户基本电费计费方式立即生效。

（2）抽查营销业务系统用户基本电费计费情况，确定一个自然季度内是否存在两种及以上基本电费计费方式，存在以上情况的进行基本电费清算。

案例 33　底码录入错误导致电费错误

【案例描述】　某普通工业用户，用电容量 200kVA，2018 年 5 月用户由于减产申请减容一台 100kVA 变压器，发起减容流程，5 月 15 日电流互感器由 300/5 变更为 100/5，但业务受理人员在电能表装拆时录入 5 月 1 日走码，导致 5 月 1 日～5 月 15 日电量少计，造成电费差错，通知相关单位与用户沟通，补收旧表少计电量电费。

【问题分析】　①业务人员工作责任心不到位，在用户发生更换变压器、互感器以及变更用电等业务时，未按规定现场抄录旧表止码，拆尾示数录入错误导致电量电费错误；②电费核算人员未对计费参数变更相关的业扩、计量流程在次月核算前重点审核，导致电费差错。

【稽查要点】

（1）用户发生计费方式变更时，装拆示数是否录入现场变更实时止码，实现不同计费方式分段计算电费。

（2）营业厅业务受理人员是否正确发起各类流程，电价、功率因数、分时标准等执行是否正确。

【稽查方法】

（1）核查营销系统用户倍率、电价、功率因数、分时标准等计费参数变化的业扩、计量工单，当月电费是否分段计算，未分段计算的，需根据变更流程时间进行电量电费清单。

（2）核查营销业务系统中电费核算异常规则或抽查规则，针对疑似问题用户清单核对用户是否存在计费参数变更未分段计算情况。

（3）通过营销业务系统"拆尾示数与采集系统最后一次示数不一致"在线稽查主题进行异常清单分析。

案例34　未抄录需量值导致基本电费少计

【案例描述】　用户为某砂场，用电类别为大工业用电，两部制电价，按实际最大需量计收基本电费，2021年6月需量未抄，导致当月基本电费及功率因数调整电费少计。营销稽查人员通过营销业务系统进行稽查时，发现该客户2021年6月变压器状态为运行，但未产生基本电费。经调查，该户2021年6月采集系统需量值为0，抄表人员未开展现场补抄，导致需量基本电费错误。

【问题分析】　①抄表人员责任心不强，对抄表数据异常用户未及时进行现场补抄，需量值缺失导致基本电费少计；②电费核算人员未按要求对大工业客户逐户审核，对用户抄表示数不全的情况未发起异常进行核查，用户电费错误发行。

【稽查要点】

（1）按需量计收基本电费的用户营销业务系统需量表抄见电量为0或未抄表。

（2）大工业用户有发行电量无基本电费。

【稽查方法】

（1）通过营销业务系统核查用电类别为大工业且有电量无基本电费的用户

明细。

(2) 通过用电信息采集系统核查用户抄表数据，是否有需量示数。

案例 35　暂停恢复流程不规范导致基本电费错误

【案例描述】　高压用户某砖厂，合同容量 315kVA，营销系统暂停时间与实际时间不一致，导致电费计收错误。经核查，该用户于 2017 年 10 月 10 日前往当地营业厅办理暂停业务，申请 2017 年 10 月 15 日停封现场变压器，窗口人员根据用户递交申请日期，完成系统暂停流程，停电时间为 2017 年 10 月 15 日。由于客户经理未按用户申请时间前往现场停封受电变压器，现场实际停封变压器时间为 2017 年 10 月 21 日，导致流程停电时间与现场停电时间不一致。

【问题分析】　①客户经理违反业扩报装及变更用电管理标准规定，未按客户申请时间停封现场受电设备；②暂停流程存在体外流转情况，导致系统停电日期与实际设备停封日期不一致，致使电费计算错误。

【稽查要点】

(1) 窗口受理人员、客户经理对完善两部制电价客户基本电价执行方式新政策理解、执行不到位，造成政策执行偏差。

(2) 暂停到期未恢复，未提醒客户办理暂停恢复手续；对一个日历年内累计暂停时间超过 6 个月仍需继续停用的，是否提醒客户按业务管理规范办理减容手续。

(3) 核查暂停客户申请停用日期与实际停用日期是否一致。

(4) 核查暂停客户是否存在私自恢复用电行为。

【稽查方法】

(1) 检查近段时间归档的暂停流程，业务办理是否符合业务管理规范要求，基本电费计算是否正确。

(2) 通过营销稽查监控系统"暂停到期未恢复"在线稽查主题，核查用户暂停到期情况，对累计停运时间超过 6 个月仍需继续停用的，是否办理减容手续。

（3）通过用电信息采集系统采集数据，核查暂停客户申请停用日期与实际停用日期是否一致。

（4）通过营销稽查监控系统"用户运行容量为零但有电量"的在线稽查主题，核查用户是否存在私自启用的情况。

案例 36　变压器状态错误导致基本电费错误

【案例描述】　某 500kVA 大工业用户，2022 年 9 月抄表结算时，提示"有抄见电量无基本电费"，营销业务系统变压器状态为"停用"。经核实，用户于 2022 年 8 月申请报停全部用电容量，业务人员发起暂停流程，将用户 500kVA 停运，随即工作人员进行现场核实，用户现场变压器实际未停运，造成运行容量为零但有电量。

【问题分析】　①该用户存在"虚假报停"情况，用户提交报停申请后，业务人员未对用户现场受电设备进行封停即发起暂停流程，将营销业务系统用户受电设备停运，导致现场实际未停；②工作人员对用户报停管理不到位，未按暂停业务相关规定进行办理造成电费差错。

【稽查要点】

（1）变压器暂停、启用、减容、减容恢复等系统流程各环节应与实际一致。

（2）用户申请暂停后受电设备是否停运。

【稽查方法】

（1）通过营销稽查监控系统在线稽查主题筛查运行容量为零，但有电量的用户清单。

（2）通过营销稽查监控系统在线稽查主题筛查变压器过载的用户清单。

第二章 电费电价

(3) 对清单内用户明细进行在线和现场核查,重点核查用户是否提交启用申请、停运申请,用户现场受电设备是否运行等。

第三节 电 价 执 行

各单位应严格执行国家有关电价政策,不得执行地方政府违反国家规定自行出台的电价措施,不得自行变更电价水平或电价机制进行电费结算。电力客户根据用电性质执行国家目录销售电价体系或输配电价体系。

一、居民电价执行

【业务知识】

居民生活用电是指城乡居民家庭住宅、城乡居民住宅小区公用附属设施、学校教学和学生生活、社会福利场所生活、宗教场所生活、城乡社区居民委员会和农村村民委员会服务设施、监狱监房生活用电。

(1) 城乡居民住宅用电。是指城乡居民家庭住宅,以及机关、部队、学校、企事业单位集体宿舍的生活用电,不包括利用居民、职工住宅、集体宿舍开办会所、商店、餐饮、美容美发、网吧等从事生产、经营活动用电。

(2) 城乡居民住宅小区公用附属设施用电。是指城乡居民家庭住宅小区内的公共场所照明、电梯、电子防盗门、电子门铃、消防、绿地、门卫、车库、二次供水(泵热)设施等非经营性用电。不包括物业管理办公场所、经营性场所、市政管理的小区路灯、热力公司管理的换热站以及通信运营商等位于小区内的用电设施等从事生产、经营活动用电。

(3) 学校教学和学生生活用电。是指学校的教室、图书馆、实验室、体育用房、校系行政用房等教学设施,以及学生食堂、澡堂、宿舍等学生生活设施用电。

(4) 社会福利场所生活用电。是指经县级及以上人民政府民政部门批准，由国家、社会组织和公民个人举办的，为老年人、残疾人、孤儿、弃婴提供养护、康复、托管等服务场所的生活用电。

(5) 宗教场所生活用电。是指经县级及以上人民政府宗教事务部门登记的寺院、宫观、清真寺、教堂等宗教活动场所常住人员和外来暂住人员的生活用电。不包括举办宗教活动的场所以及供游客参观、购物、餐饮、住宿等经营性场所用电。

(6) 城乡社区居民委员会和农村村民委员会服务设施用电。是指城乡社区居民委员会、农村村民委员会的工作场所及附属非经营公益服务设施的用电，包括：城乡社区居民委员会和农村村民委员会办公场所用电；附属的非经营公益性图书阅览室、警务室、医务室、健身室等用电；附属的福利院、敬老院以及为老年人提供膳宿服务的养老服务设施用电。不包括农村村民委员会管理的工作场所外的路灯、摄像头、绿化等设施用电，街道办事处、乡（镇）政府工作场所用电。

(7) 监狱监房生活用电。是指监狱单位的宿舍、监房、食堂、澡堂等生活设施用电。监狱单位包括拘留所、看守所、监狱和收容教育所。监狱单位生活设施以外的用电属于工商业用电。

【典型案例】

案例37　村民委员会电价错误

【案例描述】　2018年9月，用户某村民委员会申请新装立户，经业务人员前往现场勘查，用户为某村民委员会工作场所，根据电价政策，行政事业单位（含部队）办公用电属非居民照明用电，应执行一般工商业电价。2020年12月18日自治区发展改革委《关于进一步明确我区居民生活用电使用范围的函》的文件中对城乡居民社区居民委员会（村民委员会）工作场所及非经营公

第二章 电费电价

益服务设施用电价格确定为居民生活用电。因用户对销售电价政策不了解,未提出变更电价申请,业务人员也未按政策执行日期对未从事经营活动的村民委员会用电梳理,及时对此类用户进行电价变更。2022年5月稽查人员对居民委员会及村民委员会电价执行进行专项稽查,现场检查确认客户为村民委员会办公用电,应执行居民生活电价,电价执行错误。

【问题分析】 ①电费管理部门在收到政府价格主管部门下发的政策文件后,未统一组织各供电单位对需调整价格的用户清单进行梳理,在调价前组织用户所在单位进行现场核查,造成价格调整不到位;②用户所在供电所在公司统一完成调价后,未对辖区内相关用户逐户进行核对,造成用户电价执行错误;③培训工作不到位,对于新政策、新标准的宣贯培训未落实到基层一线员工,工作人员对政策一知半解,理解不透彻;④工作人员在开展现场检查时未认真核对用户用电性质,造成电价长期错误。

【稽查要点】

(1) 应执行居民电价的客户实际执行其他电价。如城乡社区居民委员会、农村村民委员会的工作场所及附属非经营公益服务设施的用电,城乡居民家庭住宅小区内的公共场所照明、电梯、电子防盗门、电子门铃、消防、绿地、门卫、车库、二次供水(泵热)设施等非经营性用电等。

(2) 居民生活用电场所存在其他用电性质,未对其他性质用电进行装表计量或定量定比,单独按实际用电性质执行相应电价。

【稽查方法】

(1) 通过营销系统户名、用电类别和行业分类进行模糊查询,查找如村民委员会、居民委员会、物业、学校、敬老院、孤儿院等关键词且未执行居民电价的客户,现场核实用户实际用电性质。

(2) 通过营销业务应用系统查询单个计量点,执行居民电价、用电量较大的客户清单,分析客户历月电量和环比、同比波动情况,检查是否存在其他性质用电。

案例38　物业小区电价错误

【案例描述】　2022年7月，省级营销稽查在开展居民生活用电电量异常核实时发现，营销业务系统某供电公司辖区内用户名称为某花园小区的用户当月电量20万kW·h，经查系统用户档案信息，该户供电电压10kV，2010年9月10日送电，供电企业未抄表到户，每月抄总表结算，电费由物业公司交纳。针对居民大电量异常，稽查人员现场核查，发现该小区周围有50个门面房，门面房用电与小区居民用电共用变压器，安装一套计量设备，经核实，门面房用电设备合计约5000kW。工作人员与用户协商，因商铺经营和用电情况变动较大，按小区居民历史平均用电量和每月居民生活用电所占比例，对商铺用电进行定比，执行一般工商业电价，并书面通知用户重新签订供用电合同，补交电价错误期间差额电费和居民电价财政补贴。

【问题分析】　①《供电营业规则》规定，供电企业应在用户每一个受电点内按不同电价类别，分别安装用电计量装置，难以按电价类别分别装设用电计量装置时，可装设总的用电计量装置，然后按其不同电价类别的用电设备容量的比例或实际可能的用电量，确定不同电价类别用电量的比例或定量进行分算，分别计价，该户具备分别安装用电计量装置条件，方案制订不合理；②用电检查落实不到位：该小区送电已超过十年，但用电检查中未发现该户电价长期执行错误；③《供用电合同》签订错误：该用户现场有商业用电，但合同中全部按居民生活用电价格约定；④小区抄表接管不到位：要求2012年底前小区用电全部移交至供电企业抄表到户，截止2022年仍存在未抄表到户的小区。

【稽查要点】

（1）超范围执行居民生活用电价格，对现场用电性质非居民生活用电范围内的其他用户用电按居民电价执行。

第二章 电费电价

(2) 居民生活用电场所存在其他用电性质，未对其他性质用电进行装表计量或定量定比，单独按实际用电性质执行相应电价。

(3) 对居民生活用电电量超大，明显不符合居民家庭生活用电的疑似异常应现场核对其用电性质，重点对营销业务系统供电电压 10kV 及以上单一居民生活用电的用户应现场逐户核查。

【稽查方法】

(1) 通过营销业务系统筛选供电电压在 10kV 及以上且计量点电价全部为居民生活用电价格的用户清单。

(2) 对筛选的用户清单在营销业务系统中核查每月用电量、用电量波动情况等，对电量较大、电量陡增突减、冬夏季电量变动较大的用户进行现场核查，对于名称为物业公司、小区等明显为住宅小区的用户应逐户现场核查。

案例 39　学校用电电价错误

【案例描述】　2020 年 8 月，省级营销稽查在开展优惠、特殊用电价格执行情况专项稽查时，发现某中学用电量均执行居民生活用电价格，暑期放假期间每月用电量约为 5 万 kW·h，用电量较大，随即对该校开展现场稽查，发现学习周围有 40 余间商铺，核查计量资产条形码，该计量资产非供电企业资产，随即查看商铺租户交费发票，确认商铺用电由学校抄表收费，统一交纳至供电企业，商铺电价执行错误，应执行一般工商业电价。用户所辖单位书面通知用户重新签订供用电合同，按所有商铺用电负荷核定商业用电比例，补交电价错误期间差额电费和居民电价财政补贴，并与用户协商对计量接入进行改造，将商铺用电从总计量中分离，单独安装计量装置，实现不同用电类别准确计量，避免服务风险。

【问题分析】　①《供电营业规则》规定，供电企业应在用户每一个受电点内按不同电价类别，分别安装用电计量装置，难以按电价类别分别装设用电计量装置时,可装设总的用电计量装置,然后按其不同电价类别的用电设备容量的比例或实际可能的用电量,确定不同电价类别用电量的比例或定量进行分算,分别计价,该用户具备分别安装用电计量装置条件,方案制定不合理;②用电检查落实不到位,《供用电合同》签订错误,该户现场有商业用电,但合同中全部按居民生活用电价格约定,电价长期错误检查未发现。

【稽查要点】

(1) 超范围执行居民生活用电价格,对执行优惠、特殊电价的用户电价变更后及时开展在线和现场稽查。

(2) 居民生活用电场所存在其他用电性质时,是否按不同用电类别分别安装表计量或定量定比。

(3) 对学校在冬夏季假期间用电量未明显下降,与正常开学期间无明显变化的情况进行在线和现场核查。

【稽查方法】

(1) 通过营销业务系统筛选供电电压在10kV及以上,计量点电价全部为居民生活用电价格且用户名称包含"学校"的用户清单。

(2) 对筛选的用户清单在营销业务系统中核查正常开学期间和寒暑假期间用电量变化情况,对用电量无变化的用户现场核查实际用电性质和用电负荷等。

案例 40 宗教场所电价错误

【案例描述】 2020年8月,省级营销稽查在开展优惠、特殊用电价格执行情况专项稽查时,发现某对外开发旅游的清真寺用电量全部为居民生活用电价格,随即组织用户所辖供电企业用电检查人员对用户进行现场检查,查实用户现场有商业用电,主要用于小商品零售和对外经营的住宿用电,按销售电价政策规定,宗教场所执行居民用电价格的仅限于常住人员和外来暂住人员生活用电，不包括举办宗教活动的场所以及供游客参观、购物、餐饮、住宿等经营性场所用电，用户电价执行错误。

【问题分析】①用电检查落实不到位，该户现场有商业用电，但合同中全部按居民生活用电价格约定，电价长期错误检查未发现；②业扩电价方案制订不合理，对新装用户未按现场实际用电性质对用户进行定价，优惠电价政策落实不到位。

【稽查要点】

（1）超范围执行居民生活用电价格，对执行优惠、特殊电价的用户送电后及时开展在线和现场稽查。

（2）宗教场所存在其他用电性质时，是否按不同用电类别分别装表计量或定量定比。

（3）对宗教场所新装送电后是否存在擅自更改用电类别，是否存在高价低接的违约用电情况。

【稽查方法】

（1）通过营销业务系统筛选供电电压在10kV及以上，计量点电价全部为居民生活用电价格且用户名称包含"清真寺、宗教场所、寺院、宫观"的用户清单。

（2）对筛选的用户清单在营销业务系统中核查用电量情况是否符合居民用电理论值、宗教场所用电特性等，对用电量明显不符合逻辑的用户开展现场稽查，核实用户用电性质。

二、农业生产用电电价

【业务知识】

（1）农林牧渔业用电。指林木培育和种植用电、畜牧业用电、渔业用电，包括与农作物种植活动密切相关的设施设备用电，与饲养、养殖、捕捞活动密切相关的设施设备用电，以及仅用于自用而不对外销售的饲料、粪肥加工用电等。

（2）农产品初加工用电。指对各种农产品（包括天然橡胶、纺织纤维原料）进行脱水、凝固、去籽、净化、分类、晒干、剥皮、初烤、沤软或大批包装以提供初级市场的用电。

（3）农产品保鲜仓储设施用电（农村建设）。对家庭农场、农民合作社、供销合作社、邮政快递企业、产业化龙头企业、农产品流通企业在农村建设的农产品保鲜仓储设施用电。

（4）农业排灌用电。指为农业生产服务的排灌及排涝用电，包括排涝用电、农村饮水安全工程供水用电、深井高扬程用电、防汛临时照明用电、防风治沙用电、荒山绿化打井抽水用电。

【典型案例】

案例41 农业排灌用户反季节用电异常

【案例描述】 某农业排灌用户，在2018年12～2019年12月期间，全年均有电量产生，存在反季节用电异常。经营销系统核查，发现该客户在2018年11月至2019年2月非排灌期间均有电量产生，不符合农业排灌客户季节性用电特征且用电量较为稳定，每月用电量均在2000kW·h左右。发现异常后，用电检查人员立即对该用户用电现场进行核查，发现因种植需要，将原土地用于蔬菜大棚种植，属于农业生产用电，营销业务系统用户档案用户分类、行业分类和电价码信息错误。

【问题分析】 ①该用户现场为农业生产用电，用户在用电性质发生变更后，未向供电企业提出申请，用户档案关键信息错误导致异常；②由于农业排灌和农业生产用电价格相同，该户现场用电性质虽变更，但未造成电费实际差错，无需进行电费差错退补；③用户对《供电营业规则》关于违约用电的相关条款不清楚，私自变更用电类别，虽未造成企业经济损失，但导致数据及报表不准确，需加强依法合规用电宣传。

【稽查要点】

（1）应执行农业电价的用户实际执行其他电价，重点核查排涝用电、农村饮水安全工程供水用电、深井高扬程用电、防汛临时照明用电、防风治沙用电、荒山绿化打井抽水用电。

（2）不应执行农业电价的用户实际执行农业电价，或农业用电现场存在其他用电性质，未正确执行相应电价，重点核查各类道路绿化用电、未取得政府主管部门规定的土地使用权、未经批准从事绿化开发。

【稽查方法】

（1）通过营销业务应用系统查询执行农业排灌用户清单，查询用户冬季是否存在用电情况，对冬季用电的用户现场核查实际用电性质。

（2）对于现场实际用电性质为农业排灌用电且执行农业电价的用户，核查政府主管部门颁发的证书、批复或备案等相关合法文件，无相关证明及文件的属于工商业用电。

（3）通过用电信息采集常态开展反季节性用电负荷在线监测，对农业排灌用户冬季有用电负荷的用户及时开展现场核查。

案例 42　农业电价执行错误

【案例描述】　某用户营销业务系统用电分类为农业生产用电，行业分类为畜牧业用电，执行农业电价，2022 年 5 月，营销稽查在对农业生产用电价格执行准确性专项稽查中，现场核查该户用电性质，发现该户为小型养殖户，用户无《新疆维吾尔自治区家庭农场认定证书》，属于农村居民用户自给自足猪羊养殖，不属于畜牧业用电范畴，应执行居民生活用电价格，电价执行错误。

【问题分析】　①该用户现场虽为农村养殖业，但无政府颁发的家庭农场认定证书,不应执行养殖业电价;②用户经理对新疆销售电价政策理解不到位,超范围执行农业电价;③责任单位电费电价管理部门对执行特殊、优惠电价的用户新建档立户后未进行日常监督、检查,用户电价执行长期错误,造成企业经济损失。

【稽查要点】

(1) 农业生产电价是否超范围执行,重点核查农产品初加工用电、农产品保鲜仓储设施用电、农作物种植活动密切相关的设施设备用电等用电。对于用电性质虽属农业生产用电范围,但需提供证书、政府批复文件等资料而无法提供的,属超范围执行。

(2) 不应执行农业电价的用户实际执行农业电价,或农业用电现场存在其他用电性质,未正确执行相应电价。重点核查无政府批复的农村饮水工程用电、农村自给自足养殖用电、无手续开荒绿化用电及道路绿化用电等。

【稽查方法】

(1) 通过营销业务系统查询执行农业生产、农产品初加工、保鲜仓储用电价格的用户清单,在线核查政府批复文件。

(2) 对用户清单进行现场核查,实地核实建设地点是否在"农村"以及实际用电性质,对于在线核查无政府批复文件的,现场核查批复文件、证书等资料。

案例43 畜牧业用电电价错误

【案例描述】 某用户营销业务系统用电分类为农业生产用电,行业分类为农林牧渔业,执行农业生产电价。2022年5月,营销稽查在对农业生产用电价格执行准确性专项稽查中,现场核查该用户用电性质,发现为专门供体育及休闲等活动相关的禽畜饲养用电,不属于畜牧业用电电价范畴,应执行一般工商业用电价格,电价执行错误。

【问题分析】 ①该户现场虽从事动物饲养活动,但生产的产品专门供体育及休闲等活动,不应执行农业生产电价;②客户经理对新疆销售电价政策理解不到位,超范围执行农业电价。

【稽查要点】

农业生产电价是否超范围执行,重点核查农产品初加工用电、农产品保鲜仓储设施用电、畜牧业用电等是否符合销售电价政策相关条款,不符合政策规定的属超范围执行。

【稽查方法】

(1) 通过营销业务系统查询执行农业生产电价、农产品初加工等用电价格的用户清单,在线核查政府批复文件。

(2) 对用户清单进行现场核查,实地核实建设地点是否在"农村"、实际用电性质、产品用途等,对于在线核查无政府批复文件的,现场核查批复文件、证书等资料。

案例44 农产品保鲜仓储设施用电电价错误

【案例描述】 某用户营销业务系统用电分类为农业生产用电,行业分类为农林牧渔专业及辅助性活动,城乡类别为"城市",用电地址为××区××街道××号,执行农业生产电价。2022年5月,营销稽查在对农业生产用电价格执行准确性专项稽查中,现场核查该户用电性质,发现该用户建设地点非"农村",不动产证显示该土地属于城市,查看用户保鲜产品,发现该用户保鲜产品非"农产品",不属于畜牧业用电电价范畴,应执行一般工商业用电价格,电价执行错误。

【问题分析】 ①该户现场虽从事动物饲养活动,但产出的产品专门供体育及休闲等活动,不应执行农业生产电价;②客户经理对新疆销售电价政策理解不到位，超范围执行农业电价。

【稽查要点】

农业生产电价是否超范围执行，重点核查农产品初加工用电、农产品保鲜仓储设施用电、畜牧业等用电等是否符合销售电价政策相关条款，不符合政策规定的属超范围执行。

【稽查方法】

（1）通过营销业务系统查询执行农业生产电价、农产品初加工等用电价格的用户清单，在线核查政府批复文件。

（2）对用户清单进行现场核查，实地核实建设地点是否在"农村"、实际用电性质、产品用途等，对于在线核查无政府批复文件的，现场核查批复文件、证书等资料。

三、工商业用电电价

【业务知识】

（1）工商业用户用电容量在100kVA及以下的，执行单一制电价；100～315kVA的，可选择执行单一制或两部制电价；315kVA及以上的执行两部制电价，原执行单一制电价的，可选择执行单一制或两部制电价，在选择执行两部制电价后，原则上不再允许改回单一制电价。

（2）用户工商业用电容量＝用户所有工商业主计量点对应台区运行变压器容量之和，以"户"为单位计算。凡用户存在工商业用电负荷均要依据本条规定计算其工商业用电容量，判断是否属于两部制电价执行范围，不含居民生活用电、农业用电和居民电供暖用电。

（3）《自治区发展改革委关于纺织服装工业企业用电价格有关事宜的通知》（新发改能价〔2014〕2340号）规定，2015年1月1日起，我区纺织服装工业企业生产用电统一执行综合到户价0.38元/kW·h。

第二章 电费电价

（4）《自治区发展改革委关于电动汽车充电服务费有关事宜的通知》（新发改能价〔2016〕985 号）规定，对向电网经营企业直接报装接电的经营性集中式充电设施用电，执行当地大工业用电价格。其他充电设施用电按其所在场所执行当地相应分类目录电价，《自治区发展改革委关于明确部分环保行业用电价格有关事宜的通知》（新发改能价〔2020〕7 号）规定，现行电动汽车集中式充换电设施用电免收容量电费政策延长至 2025 年底。

【典型案例】

案例 45　工商业用户暂停后电价错误

【案例描述】 某用户合同容量 500kVA，用户分类为大宗工业，执行工商业两部制电价，用户于 2022 年 11 月 19 日申请暂停 250kVA 变压器，2022 年 11 月 22 日营销业务系统发起暂停流程，停用一台 250kVA 变压器，其他计费参数未变更，暂停后运行容量 250kVA。2023 年 7 月，营销稽查在核查大工业用户基本电费执行情况时，发现该户电价执行错误，通知责任单位对该用户电费进行纠错处理，退还多收电费。

由于客户经理完成暂停流程时，仅将运行容量及受电变压器进行变更，未对用户电价策略进行调整，导致用户电价执行错误。

【问题分析】 ①新发改能价〔2023〕243 号《自治区发改委关于落实第三监管周期新疆电网输配电价有关事宜的通知》自 2023 年 6 月 1 日执行，文件规定："用电容量在 100～315kVA 之间的，可选择执行单一制或两部制。"该业务发生在新政策执行日之前，应按原政策执行；②原新疆销售电价政策规定，运行容量在 315kVA 以下的执行一般工商业用户电价，应执行单一制用电价格。该用户暂停后，运行容量已不满足两部制电价执行标准，应改为单一制电价；③客户经理对电价政策文件不熟悉，用户暂停后未按政策规定及时变更营销业务系统电价；业务审批人员未认真履行审批职责，对业务变更重要参数

57

审核把关不足,造成差错问题发生。

【稽查要点】

(1) 2023年6月1日起发生暂停(减容)业务的用户,应判断用户是否为存量用户。

(2) 对发生暂停(减容)业务的用户,暂停恢复(减容恢复)业务,应判断用户异常发生时间、异常发生时政策标准等。

【稽查方法】

(1) 通过营销业务应用系统筛查运行容量小于315kVA,用户分类为大宗工业。

(2) 对用户明细进行核查,筛选2023年6月1日前存在过暂停(减容)业务流程、定价策略为两部制的用户。

(3) 通过营销业务系统电量电费查询,对疑似用户明细进行核查,重点核查报停时间、运行容量、基本电费、差错天数等。

案例46 工商业用户电价错误

【案例描述】 某学校合同容量20kVA,用户分类为中小学校,执行居民生活用电价格。2022年7月在学校用电专项稽查时,通过用户名称发现该学校疑似为经营性办学,随即开展现场核查,确认该户为以营利为目的自主经营培训学校,应执行一般工商业电价,电价执行错误。该用户立户日期为2020年5月31日,通知用户所属供电单位立即整改,追收电价错误期间差额电费及居民财政补贴,修改客户档案用户分类、行业分类及电价等信息。

【问题分析】 ①销售电价政策规定,执行居民用电价格的学校,是指经国家有关部门批准,由政府及其有关部门、社会组织和公民个人举办的公办、民办学校,不包括各类经营性培训机构,该户为经营性培训机构,不在执行范围；②客户经理对电价政策文件不熟悉，对执行居民用电价格的学校用电执行范围未认真学习解读，客户新装后定价错误。

【稽查要点】

（1）执行居民生活用电价格的学校用户清单。

（2）执行居民生活用电价格的学校证照资料。

【稽查方法】

（1）通过营销业务应用系统筛选用户分类为中小学校，电价为居民生活电价的用户清单。

（2）通过用户名称筛选含"培训、学院、机构"等字段的用户明细，核对营销业务应用系统或电子化档案系统证照资料。

（3）对证照资料中无国家有关部门批准文件的用户开展现场稽查，核对相关资料。

四、特殊电价执行

【业务知识】

（1）《自治区发展改革委关于新疆电网电价调整有关事宜的通知》（新发改规〔2020〕13号）规定，符合单独报装、分表计量条件的电供暖用电，执行电供暖价格政策。

（2）城乡居民住宅，单位集体宿舍，监狱监舍，集中供热企业，现执行居民生活用电价格的学校、社会福利场所、宗教场所、城乡社区居委会等，以及与群众生活密切相关的场所（办公楼、宾馆、商场、车站等）的电供暖用电（分散式和集中式），供暖期内（当年10月1日～次年4月30日）执行电供暖价格，相应归于居民生活或工商业用电类别；非供暖期按其实际电力用途执行相应用电价格，划归相应用电类别。

（3）分散式电供暖和集中式电供暖以《关于我区电供暖项目直接交易输配

电价的通知（试行）》（新发改能价〔2017〕1429号）和《关于印发我区电供暖价格机制指导意见的通知》（新发改能价〔2017〕1659号）为划分依据。不符合"单独报装、分表计量"条件的电供暖用电，执行用户所属用电类别对应价格。除自治区价格主管部门另有规定外，不得采取核定光力比的方式执行电供暖价格政策。

（4）《自治区发改委关于纺织服装工业企业用电价格有关事宜的通知》（新发改能价〔2017〕1659号），自2015年1月1日起，我区纺织服装工业企业生产用电执行综合到户0.38元/kW·h的特殊电价政策。

【典型案例】

案例47　电供暖用户电价错误

【案例描述】　某幼儿电供暖用电，执行集中式电供暖用电价格，2021年2月在开展电供暖用电专项稽查时，发现该户用电量较小，疑似供暖面积未达到执行集中式电供暖用电价格标准，组织人员对用户现场实际用电情况和供暖面积证明等相关资料进行稽查。经核查，用户现场供暖面积未达到10 000m²且无住建部门出具的集中式电供暖面积证明，用电价格执行错误。

【问题分析】　①销售电价政策规定，执行集中式电供暖电价的用户供暖面积需达到10 000m²以上且有相关部门出具证明，该户实际供暖面积和资料均不具备集中式电供暖用电价格标准，电价执行错误；②客户经理对电价政策文件不熟悉，对集中式和分散式电供暖用电价格执行标准不清楚，新装用户定价错误。

【稽查要点】

（1）执行集中式电供暖用电价格的用户清单。

（2）用户供暖面积证明材料。

第二章 电费电价

【稽查方法】

（1）通过营销业务系统抽取用户档案电价为集中式电供暖用电价格的清单。

（2）通过营销业务系统或档案系统核查用户供暖面积证明。

案例 48　纺织工业用户电价执行错误

【案例描述】　某 10kV 服装生产企业，2018 年 7 月 5 日新装送电，送电后即执行纺织工业企业生产用电价格，对此疑似异常情况发起稽查任务，通知相关单位提供纺织工业批复名录，经调查，该用户 2018 年 10 月列入《享受特殊电价政策的纺织服装工业企业名录》，文件中明确自 2018 年 10 月 1 日执行，该用户自 2018 年 7 月 5 日起用电量均执行纺织工业特殊电价，电价执行错误。

【问题分析】　①业务人员对销售电价政策不熟悉，对纺织工业特殊电价执行规定及执行标准不清楚，新增用户计费方案设置错误；②培训工作不到位，纺织工业特殊电价政策文件已下发近四年，相关企业电价执行仍然错误，造成企业经济损失。

【稽查要点】

（1）运行容量大于 315kVA 的纺织工业用户立户日期、电价执行。

（2）《享受特殊电价政策的纺织服装工业企业名录》。

【稽查方法】

（1）通过营销业务系统抽取执行纺织工业特殊电价的用户清单，通过立户日期初步判断电价执行准确性。

（2）通过自治区下发的《享受特殊电价政策的纺织服装工业企业名录》核查用户是否在名单内。

五、分时电价执行

【业务知识】

（1）工商业用电用户执行峰谷分时电价。

（2）居民生活用电、农业生产用电、纺织服装生产企业和南疆四地州劳动密集型产品生产企业用电、国家明确规定的电气化铁路牵引用电（无论是否直接参与市场交易）不执行分时电价。电气化铁路除牵引用电以外的其他用电（如火车站站房用电）执行分时电价。

（3）用户存在多种用电类别时，按计量点确定是否执行峰谷分时电价。

【典型案例】

案例49　工商业用户分时电价执行错误

【案例描述】　低压用户张某，需翻新自建房，2018年4月前往当地营业厅办理变更用电，将原居民生活用电变更为施工用电。客户经理进行现场勘查后，通过营销业务应用系统发起改类流程，将用户用电类别、电价等信息变更为一般工商业用电。2018年6月营销稽查人员通过营销业务应用系统开展筛查，发现该用户分时电价执行异常。通过进一步核查发现，客户经理在改类流程中未将分时标示变更为是，导致该用户峰谷分时电价未执行。

【问题分析】　①客户经理对电价政策文件掌握不足，对峰谷分时电价执行范围不清楚，用户申请变更为一般工商业时未修改分时信息，导致分时电价执行错误；②培训工作不到位，对日常在用电费电价政策未全面掌握，造成用户电价错误。

【稽查要点】

除居民生活用电、农业生产用电、纺织服装生产企业和南疆四地州劳动密集型产品生产企业用电、国家明确规定的电气化铁路牵引用电外其他用户是否执行分时电价。

【稽查方法】

通过营销稽查监控系统"分时电价执行异常"筛选未执行分时电价的用户。

案例 50　纺织工业分时电价执行错误

【案例描述】　某 10kV 纺织工业用户，用电容量 500kVA，2018 年 9 月 30 日新装立户，投运后主要用于厂区建设基建施工用电，执行一般工商业（单一制）电价。2019 年 7 月基建施工用电结束投入生产，业务人员在营销业务系统发起用电变更流程，将用电价格变更为大工业两部制电价，执行分时电价和功率因数调整电费。2019 年 9 月，用户持《享受特殊电价政策的纺织服装工业企业名录》要求执行纺织工业特殊电价，业务人员发起变更用电流程，将用户计费信息变更为综合到户电价，但分时标识未修改，导致分时电价执行错误。

【问题分析】　①客户经理对电价政策文件掌握不足，对峰谷分时电价执行范围不清楚，用户申请变更为一般工商业时未修改分时信息，导致分时电价执行错误；②培训工作不到位，对日常在用电费电价政策未全面掌握，造成用户电价错误。

【稽查要点】

除居民生活用电、农业生产用电、纺织服装生产企业和南疆四地州劳动密集型产品生产企业用电、国家明确规定的电气化铁路牵引用电外其他用户是否执行分时电价。

【稽查方法】

通过营销稽查监控系统"分时电价执行异常"筛选未执行分时电价的用户。

六、两部制电价执行

【业务知识】

(1) 自 2023 年 6 月 1 日起，办理增容业务的工商业用户，增容后用电容量（指运行容量，下同）在 100kVA 及以下的，执行单一制电价；100～315kVA 之间的，可选择执行单一制或两部制电价；315kVA 及以上的，执行两部制电价，其中，增容前执行单一制电价的一般工商业用户，可选择执行单一制或两部制电价。截至 2023 年 6 月 1 日在途未送电的用户，均可按上述原则选择。

(2) 工商业用户选择执行单一制或两部制电价，通过改类业务办理。自 2023 年 6 月 1 日起，用电容量在 315kVA 及以上的居民、农业用户，办理改类业务变更为工商业用电的，执行两部制电价，其中，2023 年 6 月 1 日之前已正式提交改类申请且变更后的用电类别为一般工商业用电的，可选择执行单一制或两部制电价。

(3) 工商业用户办理过户、分户、并户业务，视为用电主体发生变更，自 2023 年 6 月 1 日起，新主体用电容量在 100kVA 及以下的，执行单一制电价；100～315kVA 之间的，可选择执行单一制或两部制电价；315kVA 及以上的，执行两部制电价，其中，2023 年 6 月 1 日之前已正式提交申请且新主体的用电类别为一般工商业用电的，可选择执行单一制或两部制电价。

(4) 自 2023 年 6 月 1 日起，工商业用户办理暂停（恢复）、减容（恢复）、暂拆、暂换等其他营业业务，业务办理后，用电容量在 100kVA 及以下的，执行单一制电价；100～315kVA 之间的，可选择执行单一制或两部制电价；315kVA 及以上的，执行两部制电价，其中，原执行单一制电价的一般工商业用户，可选择执行单一制或两部制电价。原为两部制电价用户，因暂停、减容后容量达不到相应标准执行或选择执行对应用电类别单一制电价的，不受单一制两部制电价选择周期限制，暂停（减容）恢复后，应继续执行两部制电价。截至 2023 年 6 月 1 日在途未停（送）电的用户，均可按上述原则选择。

【典型案例】

案例 51　存量工业用户增容后电价执行错误

【案例描述】　某工厂原容量 200kVA，经确认为工业用户，执行单一制电价，于 2023 年 6 月 18 日申请增容，由原 200kVA 增容至 400kVA，2023 年 7 月 15 日用户增容完成并送电，业务人员选择一般工商业单一制电价，电价执行错误。

【问题分析】　①业务人员对第三监管周期输配调整政策不熟悉，未掌握工商业用户增容的电价执行政策；②培训工作不到位，对日常在用电费电价政策未全面掌握，造成用户电价错误。

【稽查要点】
用户属于新增的 315kVA 及以上大工业用户，必须执行两部制电价。

【稽查方法】
对运行容量 315kVA 以上未执行两部制，行业分类为"工业""电信、广播电视和卫星传输服务"等用户进行筛选，并进行现场核查。

案例 52　存量用户办理过户业务电价执行错误

【案例描述】　某商场用电合同容量 400kVA，执行一般工商业单一制电价。于 2023 年 6 月 5 日办理过户业务，6 月 15 日完成过户归档，过户后用电合同容量不变，业务人员选择一般工商业单一制电价，电价执行错误。

【问题分析】　①业务人员对第三监管周期输配调整政策不熟悉，未掌握工商业用户办理过户业务时的电价执行政策；②培训工作不到位，对日常在用电费电价政策未全面掌握，造成用户电价错误。

【稽查要点】

容量为 315kVA 及以上一般工商业用户，2023 年 6 月 1 日以后办理过户业务，新户必须执行两部制电价。

【稽查方法】

通过营销业务系统，对 2023 年 6 月 1 日以后办理过户业务、过户后容量为 315kVA 及以上的一般工商业用户，执行单一制电价的进行筛选。

案例 53 存量用户办理分户业务电价执行错误

【案例描述】 某商场用户，用电合同容量 1500kVA，执行一般工商业单一制电价。于 2023 年 6 月 10 日办理分户业务，拆分出一个容量为 500kVA 的新户（用电性质为一般工商业），6 月 21 日完成分户归档。分户后，原户、新户均执行一般工商业单一制电价，电价执行错误。

【问题分析】 ①业务人员对第三监管周期输配调整政策不熟悉，未掌握工商业用户办理分户业务时的电价执行政策；②培训工作不到位，对日常在用电费电价政策未全面掌握，造成用户电价错误。

【稽查要点】

2023 年 6 月 1 日以后办理分户业务，分户后原户，新户均属于 315kVA 及以上工商业用户，必须执行两部制电价。

【稽查方法】

通过营销业务系统，对 2023 年 6 月 1 日以后办理分户业务、分户后容量为 315kVA 及以上的一般工商业用户，执行单一制电价的进行筛选。

案例 54 存量用户办理并户业务电价执行错误

【案例描述】 两个商场用户，用电合同容量分别为 315、50kVA，执行一般工商业单一制电价。于 2023 年 6 月 10 日办理并户户业务，6 月 21 日完成并户归档。并户后，执行一般工商业单一制电价，电价执行错误。

【问题分析】 ①业务人员对第三监管周期输配调整政策不熟悉，未掌握工商业用户办理并户业务时的电价执行政策；②培训工作不到位，对日常在用电费电价政策未全面掌握，造成用户电价错误。

【稽查要点】

2023 年 6 月 1 日以后办理并户业务，并户后，容量为 315kVA 及以上的工商业用户，必须执行两部制电价。

【稽查方法】

通过营销业务系统，对 2023 年 6 月 1 日以后办理并户业务，并户后，容量为 315kVA 及以上的一般工商业用户，执行单一制电价的进行筛选。

案例 55　农业用户变更为商业用户电价执行错误

【案例描述】 某供电公司某农业用户容量 630kVA，6 月 12 日提交改类申请，将现场实际用途改为商场，6 月 20 日完成改类流程变更归档，业务人员选择一般工商业单一制电价，电价执行错误。

【问题分析】 ①业务人员对第三监管周期输配调整政策不熟悉，未掌握农业、居民用户改类为工商业用户的电价执行政策；②培训工作不到位，对日常在用电费电价政策未全面掌握，造成用户电价错误。

【稽查要点】

用电容量在 315kVA 及以上的居民、农业用户，办理改类业务变更为工商业用电的，执行两部制电价。

【稽查方法】

通过营销业务系统，对容量为 315kVA 及以上的居民、农业用户，于 2023

年6月1日以后办理改类业务，变更为一般工商业用户，执行单一制电价的进行筛选。

案例56　存量单一制用户暂停恢复后电价执行错误（不应执行而执行）

【案例描述】　某商贸有限公司，合同容量500kVA，执行一般工商业单一制电价。2023年2月12日，用户申请暂停一台250kVA变压器，留一台250kVA变压器进行生产。2023年5月25日，用户向供电公司递交暂停恢复申请，申请于2023年6月5日恢复已暂停的250kVA变压器。接收用户申请后，业务人员在于6月5日完成现场送电及暂停恢复流程归档，并在未征求用户意见的情况下，私自将用户定价策略变更为两部制电价，用户对此提出异议。

【问题分析】　①业务人员对第三监管周期输配调整政策不熟悉，未掌握单一制工商业用户办理暂停恢复业务时的电价政策；②培训工作不到位，对日常在用电费电价政策未全面掌握，造成用户电价错误。

【稽查要点】

办理暂停恢复（减容恢复）后，执行两部制电价的工商业用户，是否有第三监管周期输配电价政策执行告知书，电价执行是否符合用户意愿。

【稽查方法】

通过现场走访、电话回访的方式，对办理暂停恢复（减容恢复）后，执行两部制电价的工商业用户进行回访，用户对电价执行是否知情。

七、功率因数执行

【业务知识】

（1）合同容量（按户为执行单位）达到100kVA（kW）及以上的用户，除居

第二章 电费电价

民生活用电、与居民生活相关的电采（供）暖用电、纺织服装生产企业用电、南疆四地州劳动密集型产品生产企业用电以外，均需要执行功率因数调整电费。

（2）公用发电企业调试故障向电网购电不执行功率因数调整电费。

（3）公用发电企业非调试故障向电网购电电量、企业自备电厂和分布式电源下网电量应执行功率因数调整电费。

【典型案例】

案例 57　功率因数应执行未执行

【案例描述】　某建材有限公司，2015 年 8 月立户，供电电压 10kV，合同容量 500kVA。由于冬季停产，用户于 2019 年 12 月 10 日前往当地营业厅办理变更业务，将用电性质由生产用电变更为厂房照明用电。经现场勘查，该用户仅一台 500kVA 变压器，无法整台或整组停运，与用户协商后，将现场生产负荷进行停封，现场仅有办公用电负荷，将用户用电类别、电价等信息变更为一般工商业单一制电价。2020 年 2 月营销稽查人员开展稽查，发现该用户功率因数执行 0.9，疑似功率因数执行错误，现场进一步核实发现，现场实际用电性质为办公楼照明用电，属非居民照明用电，客户申请暂停后功率因数考核标准应同步变更为 0.85，但业务办理人员在改类流程中未修改功率因数考核标准，导致该用户功率因数执行标准错误。

【问题分析】　①客户经理未按《功率因数调整电费办法》规定，对客户申请暂停后，将原工业性质用电变更为非居民照明用电时，工作人员未在变更流程中同步修改功率因数考核标准，导致功率因数标准执行错误；②业务审批人员未认真履行审批职责，对业务变更流程功率因数考核标准等重要参数审核把关不足，造成差错问题发生。

【稽查要点】

（1）除居民生活用电、与居民生活相关的电采（供）暖用电、纺织服装生

69

产企业用电、南疆四地州劳动密集型产品生产企业用电以外,合同容量达到100kVA(kW)及以上的用户是否执行功率因数。

(2) 公用发电企业下网电量是否执行功率因数调整电费。

【稽查方法】

(1) 通过营销稽查监控系统"功率因数执行异常"筛选功率因数执行范围内用户未执行功率因数的用户清单。

(2) 通过营销稽查监控系统"功率因数调整电费异常"筛选功率因数执行范围内用户当月无功率因数调整电费的用户清单。

案例58 功率因数考核标准错误

【案例描述】 2023年7月16日,某用户申请变更用电类别,用电类别由居民变更为一般工商业用电,用户合同容量为100kVA,业务受理人员在发起流程变更时,未变更功率因数考核标准,导致当月未计算出功率因数电费。

【问题分析】 业务受理人员对电价政策不熟悉,未能正确发起变更流程,100kVA以上用户应执行功率因数,但变更流程中未进行更改。

【稽查要点】

(1) 160kVA以上的高压供电工业用户和3200kVA及以上的高压供电电力排灌站功率因数考核标准不等于0.90。

(2) 100kVA(kW)及以上的其他工业用户,100kVA(kW)及以上的非工业用户和100kVA(kW)及以上的电力排灌站功率因数考核标准不等于0.85。

(3) 适用于100kVA(kW)及以上的农业用户和趸售用户功率因数考核标准不等于0.80。

【稽查方法】

通过营销稽查监控系统"功率因数执行异常"筛选功率因数相应用电类别

第二章 电费电价

功率因数标准不符合政策的用户清单。

案例 59　功率因数不应执行而执行

【案例描述】　某农业排灌用户，2023 年 5 月立户，供电电压 10kV，合同容量 80kVA。2023 年 7 月营销稽查人员开展在线稽查时，该户作为异常被稽查。经分析发现，该客户合同容量未达到功率因数执行标准，但营销业务系统定价侧率中功率因数考核方式选择按标准考虑，考核标准为 0.8，功率因数执行错误。

【问题分析】　①客户经理对功率因数调整执行政策不熟悉，未准确判断功率因数调整，功率因数执行错误；②业务审批人员未认真履行审批职责，对新装用户供电方案审核把关不足，造成差错问题发生。

【稽查要点】

（1）居民生活用电、与居民生活相关的电采（供）暖用电、纺织服装生产企业用电、南疆四地州劳动密集型产品生产企业是否存在执行功率因数的情况。

（2）合同容量小于 100kVA（kW）的用户是否存在执行功率因数的情况。

【稽查方法】

（1）通过营销稽查监控系统"功率因数执行异常"筛选功率因数执行范围外的用户却执行功率因数的用户清单。

（2）通过营销稽查监控系统"功率因数调整电费异常"筛选功率因数执行范围外用户当月有功率因数调整电费的用户清单。

第四节　收　费　账　务

电费账务是电费抄核收工作中的重要组成部分，是确保电费资金安全的关键环节。

71

【业务知识】

(1)《供电营业规则》的规定，供电企业应按国家批准的电价，依据用电计量装置的记录计算电费，按期向用户收取或通知用户按期交纳电费。供电企业可根据具体情况，确定向用户收取电费的方式。用户应按供电企业规定的期限和交费方式交清电费，不得拖延或拒交电费。

(2)《国家电网有限公司电费业务管理办法（试行)》规定，严格按照电力客户实际交费方式在营销系统中进行收费操作，确保系统中收费方式、实收金额与实际一致。收费后应主动向电力客户提供收费票据，电费收取应日收日清，现金及时结存银行。

(3) 优先应用网上国网、95598网站等自有渠道收费方式，积极推广银行代扣等金融机构收费方式，稳妥使用微信、支付宝等第三方缴费方式。

(4) 电费账务应准确清晰。按财务制度编制实收电费日报表、日累计报表、月报表，严格审核，稽查到位。

(5) 严格管控营销业务应用系统涉及应收、预收科目的手工凭证处理。完善关联户（集团户）流程，非关联户间的"预收互转"应以相关方签订协议为前提，并执行审批制度，坚决杜绝利用预收电费违规进行非关联户冲抵等操作。

(6) 电费票据应严格管理，各单位向当地税务部门申领增值税专用发票、增值税普通电子发票。电费票据的领取、核对、作废及保管应有完备的登记和签收手续。未经税务机关批准，电费发票不得超越范围使用。严禁转借、转让、代开或重复开具电费票据。票据管理和使用人员变更时，应办理票据交接登记手续。

(7) 对作废发票，须各联齐全，每联均应加盖"作废"印章，并与发票存根一起保存完好，不得丢失或私自销毁。按财务制度相关规定，保存期满报经税务机关查验后进行销毁。

第二章 电费电价

(8) 电费票据发生差错时,需要开具红字增值税发票的,必须按税务有关规定执行。

(9) 建立电费发票管理台账。各级供电单位票据开具部门应设专人妥善保管电费发票(含代开分布式光伏发票)和票据专用印章,建立完备的内控管理制度。

【典型案例】

案例 60　疑似电费虚拟户

【案例描述】　某公司用户月初预收余额达 96 359.98 元,主要为 2020 年 8 月 27 日收取的 322 114.50 元,扣减该用户 2020 年 9、10 月正常电费,2020 年 10 月 22 日用户销户,扣减旧表电量电费 36 077.41 元后,因电费考核周期内预收余额变动次数超过 3 次,故判定为电费虚拟户。该户 2021 年 9 月 8 日第一次申请退费流程,系统退费失败;2021 年 12 月 30 日发起退费流程,再次退费失败;2022 年 1 月 10 日第三次发起退费流程,第三次退费失败。2021 年 12 月 30 日和 2022 年 1 月 14 日退费流程因失败而注销,造成该用户余额变动。经核实,退费失败主要原因为用户提供银行卡账号存在问题。

【问题分析】　①客户经理及相关退费流程办理人员收集客户账户信息不准确,审核未及时发现客户账号错误的现象;②首次发现退款失败时未根据异常提示,核查实际退款失败原因,继续发起退费流程导致退费失败;③未根据财务管理要求每月按时审核财务计划余额,资金不足导致退费失败;④从客户首次申请退费至退款成功时隔 5 个月,在此过程中存在流程审核不细致、问题处理不及时等情况,影响了客户收到退款的时间,存在一定的优质服务风险。

【稽查要点】

非集团户电费余额频繁变动。

【稽查方法】

通过营销稽查监控系统"电费虚拟户"筛选功率因数相应用电类别功率因数标准不符合政策的用户清单。

案例61 客户电费余额变动异常

【案例描述】 电力用户某小学前6月平均电费为32 010.25元,当前预存余额为128 768.4元,账户余额大于10万且高于近六个月月均电费150%,故判定为异常用户。经核查,该用户执行10kV市场化集中式电采暖电价,不应存在峰段电量。2021年11月24日走月中算费流程更换表计,在2022年1、2月新电能表抄表时,出现峰段电量,为纠错峰段电量,于2022年3月2日发起月中算费流程将1月和2月表码回退,发行负电量电费导致电费退回用户账户,造成用户预收余额过大,超10万元。

【问题分析】 ①业务人员技能水平有待提高:发起改类换表时,没有根据实际情况设置电能表示数信息,成为此异常出现的根本原因;②电费审核工作不到位,2021年11月换表出现电能表示数信息错误,12月抄表未发现,直至2022年3月才发现并整改,造成用户连续3个月电费错误;③整改环节进度缺乏把控,在发现问题并整改的过程中,涉及异常抽取的时间节点,未在抽取异常之前完成电量的退减。

【稽查要点】

(1) 是否存在用户预收余额互转情况。

(2) 是否存在发行负电费或全减电费情况。

(3) 是否存在余额结转的情况。

【稽查方法】

(1) 通过营销稽查监控系统"购电制规范性"在线稽查主题筛选用户预收余额大于10万且高于近六个月月均电费150%的用户清单。

第二章 电费电价

（2）通过营销业务系统核查用户是否存在发行大额负电费的情况。

（3）通过营销业务系统核查用户是否存在户间余额结转等情况。

【典型案例】

案例 62　客户电费 A 销 B 账

【案例描述】　营销稽查系统"A 销 B 账"主题筛查发现，某供电公司辖区内，某商业有限公司 2021 年 5 月应收电费 15.1 万元，5 月 15 日通过支票交费 15.1 万元，该笔金额 5 月 20 日到账确认，但银行回单中付款方名称为某商业集团公司，付款方名称与用户名称不一致。经核查，某商业有限公司为某集团公司子公司，2021 年 5 月，由于用户公司内部原因，子公司电费由某集团公司统一支付。

【问题分析】　①某供电公司用电客户档案关系不正确，该户属于集团公司子户，电费由总公司统一支付，营销业务系统未维护集团户关系，导致数据异常；②电费电价专责未按落实相关工作要求，对需要互转电费的集团性用户提交完整互转资料，建立集团户关系。

【稽查要点】

已做到账确认用户是否存在银行回单付款方名称与用电客户名称不一致情况。

【稽查方法】

（1）通过营销稽查系统"A 销 B 账"主题筛查已做到账确认、缴费方式为柜台坐收但结算方式不为现金的用电客户名称，与到账确认后的银行回单付款方名称进行比对。

（2）通过营销业务系统到账确认情况查询付款方名称与用户名称不一致的情况。

案例63　现金收费解款超期

【案例描述】　通过营销稽查系统"解款超期"主题筛查发现，某用户2021年12月4日以现金缴纳电费金额500元，工作人员收费后12月7日在营销业务系统进行解款，将现金交至所在单位电费账户开户行所在银行，电费解款严重超期，违反电费资金安全管理要求。经核查，收取该户电费的收费人员为新进员工，对收费业务规定及电费资金管理要求不熟悉，收费后未按财务规定将现金24小时内存入银行，导致解款超期。

【问题分析】　①该供电单位收费管理规定落实不到位，未严格执行电费资金安全管理要求，存在较大资金安全风险；②培训工作不到位，对从事重要业务的新进员工未认真落实岗前培训，使业务人员不熟悉人员上岗从事高风险业务，造成较大安全、服务和合规管理风险。

【稽查要点】

缴费方式为电力机构坐收，结算方式为现金，收费后24h内未解款的收费记录。

【稽查方法】

通过营销稽查系统"解款超期"主题筛查，营销业务应用系统交费方式为坐收，结算方式为现金，自收费时间起24h内未解款的收费记录。

案例64　现金收费冲正异常

【案例描述】　通过营销业务系统收费查询，发现某供电所收费人员于2021年12月3日，针对某居民用户同一笔电费连续收费5次、冲正4次。经核查，该收费人员对营销业务系统电费收取操作不熟练，收费时未履行唱收唱付，出现多次错误，导致多条电费冲正记录。

【问题分析】　①收费人员未做到与客户交接钱物时，当面点验、唱收唱

第二章 电费电价

付;②培训工作不到位,收费人员业务不熟练,存在服务风险。

【稽查要点】

(1) 营销业务系统同一收费人员、同一月份是否存在 3 笔及以上的冲正。

(2) 是否存在收费冲正后变更交费方式,改变交费金额。

【稽查方法】

在营销业务系统缴费查询筛查,同一收费人员账号每月电费冲正 3 笔及以上的收费记录。

案例 65 通过个人微信收取、滞留电费

【案例描述】 2022 年 1 月 14 日,某供电所抄表员联系客户催收 12 月份的电费并现场添加了客户微信。2022 年 1 月 18 日,抄表员通过微信告知客户需预交 3000 元电费,客户便微信向其转账 3000 元,当日抄表员未将 3000 元全额入账,仅入账 2352.11 元,剩余电费一直滞留在个人微信账户。2022 年 2 月 7 日抄表员再次微信联系客户告知 1 月电费发行后原先预交的 3000 元电费不够冲抵,客户便通过微信向其转账 4500 元。2022 年 2 月 17 日,抄表员再次要求客户预存 3500 元电费,客户于当日微信向其转账 3500 元。客户认为电费过高,联系抄表员后,抄表员当日通过微信退回电费 3500 元。截至 2022 年 2 月 17 日,抄表员个人微信账户共计滞留客户电费 5147.89 元未入账。2022 年 3 月 1 日客户拨打 95598 热线反映电费异常引发意见工单。当日,抄表员通过微信退还客户电费 5147.89 元并向客户致歉。

【问题分析】 ①抄表员违规通过个人微信收取电费并长期滞留电费,违反《国家电网有限公司资金管理办法》第七十一条第二款"严禁使用个人账户(包含银行卡、支付宝、微信等)收存营销收费资金"的规定。以及《国家电网有限公司电费业务管理办法(试行)》第三十六条"严格按照电力客户实际交费方式在营销系统中进行收费操作,确保系统中收费方式、实收金额与实

际一致，收费后应主动向电力客户提供收费票据（含电子票据），电费收取应日收日清，现金及时解存银行"的规定；②抄表收费日常监督不到位，各级管理人员没有及时发现并制止抄表员的违规行为，人员岗前业务培训、廉政教育不足，营业收费日常监督管控不力。

【稽查要点】

（1）交费方式为柜台坐收且结算方式不为现金的用电客户明细及银行回单付款方信息。

（2）手工录入对账单、A销B账、解款超期、电费未发行、电费虚拟户。

【稽查方法】

（1）通过营销稽查系统量价费稽查主题模块，筛查"手工录入对账单、已到账确认、缴费方式为柜台坐收且结算方式不为现金"的用户明细及银行回单付款方信息，与到账确认后的银行回单付款方名称进行比对，名称不一致的情况。

（2）检查交费方式是坐收，结算方式是现金，收费后72h之内未解款的收费记录。

案例66 暂停恢复到期计收基本电费引发服务风险

【案例描述】 某用户变压器为2×1000kVA，用户暂停其中一台1000kVA变压器，暂停恢复日期为6月30日。7月1日算费时，由于其中一台暂停变压器计划恢复日期到期，系统收取两台1000kVA变压器基本电费且暂停变压器抄见电量为0。客户经理在催费过程中，用户拒交该部分电费，反馈对变压器暂停启用等专业知识不了解，现场人员未进行告知需要减容，导致该用户存在电费风险，产生电费纠纷，可能引发服务投诉等舆情事件。

【问题分析】 客户经理发起变压器暂停流程时，应告知用户暂停期限为

第二章 电费电价

180天，到期后仍需停用变压器的，应提交减容申请，并做好台账登记。在到期前一个月客户经理应及时与用户沟通联系，确定用户是否需要启用变压器，避免发生用户不用电，因计划恢复日期到期产生基本电费问题。

【稽查要点】

（1）用户暂停、暂停恢复、减容、减容恢复流程未按规定要求发起流程。

（2）用户暂停、暂停恢复、减容、减容恢复流程与用户申请资料是否一致。

【稽查方法】

（1）查看用户变压器信息，根据"新装、增容及变更用电查询"菜单查看用户暂停流程，确定暂停变压器计划恢复日期是否已超期，已超期用户是否发起"减容"或"启用"流程。

（2）抽查营销系统"非政策性退补"流程，将因计划恢复日期到期产生基本电费后，通过"非政策性退补"流程核减的，核查现场留存资料，确定用户提交的减容申请日期是符合要求。

案例67 档案信息错误造成错发短信

【案例描述】 2022年8月23日，广东省佛山市用户反映其手机频繁接到他人户号的电费催收通知短信。查询营销系统发现，关联客户手机号码的用户有187户，均为2014年8月份某供电所在业扩批量新装建档时，供电所人员随意编造账务联系人电话号码导致档案信息错误，引发错发短信投诉事件。

【问题分析】 ①未严格落实业扩报装相关制度，办理批量新装流程时对资料审核把关不严，随意编造账务联系人信息，留下服务隐患；②营销普查、营销稽查工作流于形式，对发现的异常问题跟踪治理不到位，客户档案信息错误问题无法根治。

【稽查要点】

用户联系方式是否正确。

【稽查方法】

结合营业普查、电费催收及采集消缺等工作核对用户联系方式。

第三章 计量管理

电能计量管理必须遵循国家有关法律法规以及国家有关部门和电力行业有关电能计量标准、规程和规范的规定，接受国家有关行政管理部门、社会和用电客户的监督。电能计量管理的目的是为了保证电能值的准确、统一，电能计量的公平、公正、准确、可靠维护国家利益和发供用三方的合法权益，实现供电企业和社会效益的最佳统一。

第一节 计量装置及资产管理

根据国家有关计量法规，正确、合理地配置电能计量装置，保障电能量值的准确、统一和计量装置的安全可靠，满足公正计量和正确计量电力系统经济技术指导的要求。

一、电能表资产管理

【业务知识】

（1）计量资产管理包括采购到货、设备验收、检定检测、仓储配送、资产报废，涉及计量生产调度平台、营销业务应用、移动作业微应用等系统。

（2）采用信息化技术手段收集、存储电能计量资产基本信息，实现电能计量资产管理的信息化并与相关专业信息共享。每一资产应有唯一的资产编号。资产编号应采用条形码或其他可靠易识读的技术，将其标注在显要位置。资产信息应方便按制造厂名、类别、型号、规格和批次等进行查询和统计。

（3）每年应定期对资产及其基本信息进行清点，做到资产信息与实物相符。

【典型案例】

案例68　智能本地费控表预付费标识错误

【案例描述】　2021年4月，某供电公司通过营销稽查系统中智能本地费控表预付费标识错误稽查主题，发现用户张某档案中本地费控电能表无预付费标识。张某为居民用户，电压等级220V，2021年1月15日投运，经核查，该用户本地费控电能表建档时信息录入错误，导致预付费标识为否。

【问题分析】　电能表属于集中到货建档的计量设备，由省计量中心统一建档，建档人员未认真核对电能表参数信息，导致电能表档案信息错误。

【稽查要点】

（1）按规定开展到货验收工作，验收项目均应符合订货合同的要求，到货验收时需核对实物信息与系统参数信息的一致性，验收合格的办理入库手续。

（2）电能表的关键标识需填写正确，如预付费、复费率等标识填写是否正确。

【稽查方法】

（1）根据"智能本地费控表的预付费标识应为是"的规则，在系统抽取标识错误的电能表明细。

（2）核实实物资产是否为本地费控电能表，电能表类型无误的，说明标识填写错误，需确认问题根源。

第三章 计量管理

案例 69　电能表示数类型缺失

【案例描述】　2021 年 4 月，某供电公司通过营销稽查系统电能表示数类型缺失稽查主题，发现文某电能表无反向有功示数。文某为光伏用户，电压 220V，2021 年 2 月 10 日投运，经现场核查，该用户光伏发电上网电量记录在电能表反向有功示数中，为 59.26，使用电量记录在电能表正向有功示数中，为 89.63，但系统中该用户运行示数无反向有功。

【问题分析】　某供电公司员工建档立户后未认真核对客户计量点参数信息等，运行档案信息错误。

【稽查要点】

(1) 电能表建档时需按接线方式录入电能表档案示数类型，单相应为正反向有功＋分时，三相为正反向有功＋无功四象限＋最大需量＋分时。

(2) 用户建档立户时计量方案中应按用户类型选择电能表运行示数类型。

【稽查方法】

(1) 根据稽查规则，抽取电能表运行示数类型不齐全的明细。

(2) 通过营销业务应用系统对电能表档案中的示数类型及电能信息采集系统中抄读的示数信息进行核实，发现与业务规范不符的问题用户，确认问题根源，定位差错责任。

二、电能表鉴定、申校

【业务知识】

(1) 客户认为供电企业装设的计费电能表不准时，向供电企业提出校验申请。供电企业对计费电能表开展现场和非现场校验，在五个工作日内将检验结果通知客户。如计费电能表的误差超出允许范围，退还验表费，并按《供电营业规则》第八十条规定退补电费。

（2）营业窗口受理客户提出计量检定申请或95598、网上国网App等渠道受理的计量检定申请，填写电能表、互感器校验申请表在营销业务应用系统中录入申请校验流程。

（3）业务人员依据表计示数、检定结果、现场处理结果、故障差错描述等信息，对故障差错进行分类，明确故障原因，填写退补依据及处理意见。在收到流程后第一时间将检定结果告知客户，确保5个工作日内将结果告知客户。

【典型案例】

案例70　电能表初始走码不为零

【案例描述】　2021年5月，某供电公司通过营销稽查系统装出表计初始走码不为零主题，发现4月2日某用户吴某电能表改造更换后，新电能表采集示数为12.34。

某用电客户吴某为低压用户，电压220V，2008年12月立户，2021年3月28日表计故障，报修后4月2日更换新的智能电能表，经核查该用户更换新电能表后当日采集示数为12.34，经系统核查该用户电能表检定后示数为12.12，检定后示数未清零。5月6日现场核查客户电能表示数为85.21。退补客户多计电量电费，执行居民电价。退补电费＝[8（5）21—1（2）12]×0.39＝28.5051元。

【问题分析】　①电能表检定机构未对电能表进行清零操作，配送前也未检查实物表计；②供电公司配送接收电能表时未严格履行配送质量核查工作要求，更换电能表时也未检查电能表信息，导致初始示数不为零。

【稽查要点】

（1）应计量正、反向有功和四象限无功的电厂上网结算计量点，未配置双方向电能表。

(2) 根据《功率因数调整电费办法》，100kVA 以上需执行相对应功率因数标准的计量点，未配置具有无功计量的电能表。

(3) 基本电费按最大需量计算收取的计量点，电能表方案未配置最大需量示数。

(4) 未按电能计量装置分类要求，配置相应准确度等级的电能计量装置。

(5) 基本电费按最大需量计算收取的客户，供用电合同（补充协议）中关于抄表例日的约定与电能表需量冻结日是否一致。

【稽查方法】

(1) 根据"需量客户抄表例日与电能表需量冻结日不一致""未按要求配置工商业时段电能表"等风险规则，在系统内抽取疑似异常客户清单。

(2) 通过营销业务应用系统和电能信息采集系统对异常客户基本信息进行核实，主要核实合同容量、供电电压、计量方式、电价执行、电能表类型、电能表需量冻结日、历史工单信息等，发现与业务规范不符的问题用户。

(3) 对确需现场核查的异常问题，现场核实客户计量方式、电能表参数等信息，业扩档案、供用电合同等纸质资料，确认问题根源，定位差错责任。

案例 71　电能表申校超时限

【案例描述】　2021 年 12 月，某供电公司通过营销稽查系统申校超时限稽查主题，发现用户赵某某 11 月 2 日网上国网 App 发起客户申校流程，工单 11 月 20 日归档，超过 5 个工作日。用户赵某某为居民用电客户，电压等级 220V，2021 年 11 月 2 日，因电量过高，怀疑电能表计量不准，在网上国网 App 发起客户申校流程，供电所员工接单后联系客户并将工单下派至客户经理手中，客户经理因当日工作较繁忙未赴现场查看，于第二日到达现场，核实电能表后，发现电能表端子严重烧毁，与次日进行换表处理，客户要求拆旧电能表进行鉴定，但拆回后的电能表在供电所存放至 11

月 18 日才送往营销服务中心鉴定，11 月 20 日系统流程归档，并将结果告知赵某某。

【问题分析】 ①供电公司员工对国网公司"十项承诺"内容及要求不清楚；②供电公司未对客户申请校验工单进行管控，导致超过 5 个工作日。

【稽查要点】

客户申请校验工单应在 5 个工作日内办结。

【稽查方法】

（1）根据"申请校验流程检测结果答复超 5 个工作日""申校表检定不合格未退补""申校表检定不合格未退校验表费"等风险点规则，在系统内抽取疑似异常客户和流程清单。

（2）通过营销业务应用系统和用电信息采集系统对异常客户基本信息进行核实，主要核查流程环节时间点、表计故障类型、验表费退费、退补流程等信息，发现不符合业务规范的问题用户。

（3）对确需现场核查的异常问题，现场核实客户用电情况、故障电能表实物，确认问题根源，定位差错责任。

第二节　计量运行管理

计量运行管理是指对运行中的电能计量装置开展定期校验、现场校验（轮换）、抽检；对故障和损坏的电能计量装置及时更换和处理；对申请校验的电能计量装置开展现场和非现场校验。

一、计量故障处理

【业务知识】

通过现场检测、采集系统、95598 工单等渠道发现电能计量装置异常，及

第三章 计量管理

时处理运行故障,保证计量装置安全稳定可靠运行。

【典型案例】

案例 72　同一用户多次换表

【案例描述】　2021 年 3 月,某供电公司通过营销稽查系统同一用户多次换表稽查主题,发现刘某某在 2020 年 2 月～2021 年 2 月期间共更换电能表 3 次。

经核查,刘某某为居民用户,电压 220V,2012 年 2 月 1 日投运。经核查,该用户安装的为 09 版电能表,2020 年 8 月 12 日改造更换新的电能表,2020 年 9 月 1 日用户电能表剩余金额为零后电能表断电,用户到安电超市购电后无法充入电能表,急修人员为其更换新的电能表,并为用户下载网上国网 App,实名认证后进行充值,2020 年 12 月 15 日用户远程充值不成功后更换电能表。

【问题分析】　①供电公司员工换表后未告知用户尽快买电;②供电公司员工计量装置故障处理太粗暴,需要加强故障处置培训。

【稽查要点】

(1) 同一计量点 1 年内更换电能表 3 次及以上,判定为频繁换表,各单位需规范电能表装换流程,建立换表审批机制,严格控制换表频次,杜绝频繁无效更换。

(2) 对电能表运行故障处置太简单随意,出了问题"一换了之",需加强常见故障处理的培训工作,做好电能表故障分析工作。

【稽查方法】

(1) 根据"同一用户同一计量点在一年内换表次数大于 3 次及以上的"的规则,在系统抽取多次换表的计量点清单。

（2）通过营销业务应用系统及现场情况，分析问题发生的原因，确认问题根源，定位差错责任。

案例 73　客户电能表时钟异常

【案例描述】　2021年2月，某供电公司通过营销稽查系统分时客户时钟异常稽查主题，发现某供热公司1月采集系统报送时钟异常，并对其进行对时，未成功。经核查，某供热公司为集中式电采暖用户，电压10kV，2012年9月11日投运，经核查，该用户安装的为09版电能表，电能表电池欠电压、时钟超差，故2021年1月采集系统对时不成功，客户经理于2021年2月24日赴现场更换电能表，采集数据正常。

【问题分析】　①供电公司员工对该类异常处置不及时；②供电公司员工计量设备巡视工作未落到实处。

【稽查要点】

（1）运行电能表的时钟误差累计不得超过10min，否则，应进行校时或更换电能表。

（2）系统派发的计量异常工单处置不及时。

【稽查方法】

（1）根据"分时客户的电能表时钟误差累计不得超过10min"的规则，在系统抽取超差明细。

（2）通过营销业务应用系统和电能信息采集系统核查电能表的事件记录，是否有电池欠电压、时钟超差记录，是否进行主站对时。

案例 74　电能表故障处理不及时

【案例描述】　2021年2月，供电公司通过营销稽查系统拆表不及时稽查主题，发现用户魏某于2021年1月5日拨打95598报修，报修故障为电能表显示屏有异常，抢修人员反馈需换表，但截止 1 月 15 日未进行处置。

魏某为居民用户，电压 220V，2010 年 5 月 20 日投运，经核查，该用户安装的为 09 版电能表，用户于 2021 年 1 月 5 日拨打 95598 报修，当天抢修人员赴现场查看发现电能表故障显示电池欠电压，但因无该类型电能表，故约定第二天更换电能表，但客户第二天临时有事去外地，直至 1 月 14 日返回后联系抢修人员第二天拆表处置。

【问题分析】 供电公司抢修人员赴现场工作时未检查是否有充足的抢修设备。

【稽查要点】

抢修工单处置不及时，拆表超时限。

【稽查方法】

(1) 根据"拆表超时限"的规则，在系统中抽取不及时明细。

(2) 通过营销业务应用系统及现场工作情况核实问题原因，确认问题根源。

案例 75 采集示数不连续

【案例描述】 2021 年 8 月，供电公司通过营销稽查系统采集示数不连续主题，发现用户安某电能表采集系统采集的电能表示数 7 月 2 日～7 月 25 日未采集成功，7 月 26 日采集电能表示数为 698(5)21，示数有突增现象。经核查，用户安某为居民用电客户，电压 220V，2011 年 1 月立户，电能表为 09 版电能表，经现场核查该用户电能表电池欠电压，导致采集系统采集示数不连续，有突增的情况，现场电能表示数正常。8 月 26 日供电所客户经理已更换电能表，新电能表采集正常。

【问题分析】 供电公司计量异常问题处置不及时。

【稽查要点】

（1）故障表检定不合格的用户，用电信息采集系统非误报的失电压、失电流、反向电量等异常，未根据故障类型和实际用电情况拟定差错处理意见，进行电量电费退补。

（2）对包括时钟异常、采集失败等故障分析不到位，随意频繁换表，造成供电企业表计资产消耗。

（3）表计故障，通过改类、周期轮换、计量装置改造等流程简单换表，未发起计量装置故障流程，无法对故障表开展试验检定，造成故障期间电量电费无法计算和退补。

【稽查方法】

（1）根据"计量装置故障流程拟定故障处理意见超过×天""故障表检定不合格未退补""频繁换表用户""含故障备注的改类流程"等风险点规则，在系统内抽取疑似异常用户和流程清单。

（2）通过营销业务应用系统和用电信息采集系统对异常客户基本信息进行核实，主要核查流程环节时间点、表计故障类型、非故障流程的换表原因、退补流程等信息，发现与业务规范不符合的问题客户。

二、计量装拆

计量装接是指电能表与互感器等计量装置的安装与调换、接户与进户装置的安装、接电与送电。

【业务知识】

（1）电能表安装必须按图施工、接线正确、电气连接可靠、接触良好，配线整齐美观，导线无损伤、线头的导体无外露、绝缘良好。电能表安装必须垂直牢固。终端安装应按图施工、接线正确，电流回路接通、电气连接可靠、接触良好。与电能表间的485接口的连接必须一一对应、连接可靠。有外接天线

第三章 计量管理

的，要可靠连接并将外接天线放置在信号灵敏的位置。

（2）电能表、采集终端安装应垂直牢固，电压回路为正向序，电流回路相位正确。每一回路的电能表、采集终端应垂直或水平排列，端子标识清晰正确。金属外壳的电能表、采集终端在非金属板上，外壳必须接地。

（3）安装完工后，通电测量相序，检查客户用电是否正常。如无问题，应指定成员对电能表接线盒与联合接线盒封印，并请客户确认电能表的电能示数及封印完好后，在电能计量装拆单上签字，当着客户的面对计量箱加封印。

（4）所有装拆数据都应正确记录在电能计量装拆单上，返回单位后应立即将装拆信息及封印信息录入营销系统。

【典型案例】

案例 76　电能表反向有功走字

【案例描述】　2021 年 7 月，某供电公司通过营销稽查系统电能表反向有功走字主题，发现某用户魏某电能表反向有功走字，采集系统抄读的反向有功示数为 29.86。经核查，魏某为居民用电客户，电压 220V，2010 年 4 月立户，该用户在 2021 年 7 月 2 日更换新的智能电能表，表计安装时电能表进出线接反，客户经理发现后恢复接线，截止处理之日起电能表反向有功示数为 3(5)26。因营销业务系统不支持反向有功电量算费，追补反向电量电费。

【问题分析】　客户经理未按要求对新装电能表接线正确性进行验收，未使用"一对一停电核对法、万用表电阻法、查线器对线法"方法进行电能表和户内线的核对检查，导致接线错误。

【稽查要点】

（1）用户电能表反向有功走字。

（2）反向有功电量超过设定阈值的重点核查。

91

【稽查方法】

（1）通过营销稽查系统在线稽查主题"电能表反向有功有走字"，对自动抽取的疑似用户进行分析。

（2）对异常清单中用户用电性质进行分析，核查是否存在电机类设备的用户，对反向电量较小的此类用户进行排除。

（3）对确定的疑似用户现场核查接线情况。

案例 77　综合倍率异常

【案例描述】　2021年10月，某供电公司通过营销稽查系统倍率异常稽查主题，发现用户某钢构厂采集系统采集的用电电量与实际用电量差异较大，怀疑是综合倍率异常，随即对该户开展现场调查，

经核实，该钢构厂为10kV用电客户，2015年4月1日投运，2021年8月8日增容改造更换组合计量箱，原组合互感器电压变比 10 000/100V、电流变比20/5A，综合倍率为400；更换后为双变比组合互感器电压变比 10 000/100V、电流变比75/5A，综合倍率为1500。营销系统增容流程中变比为50/5A，综合倍率1000，综合倍率错误。

【问题分析】　①工作人员更换组合互感器后未认真核对重要参数，营销业务系统将电流变比录入错误，造成综合倍率错误少计电量；②工作人员工作要求落实不到位，未按要求对新装计量装置逐项核对参数，未对新装计量装置首月进行现场抄表核对，未及时发现异常。

【稽查要点】

（1）营销业务系统电能表相关信息与用电采集系统计量装置相关信息是否一致。

（2）用户是否存在超容量用电。

（3）新装和拆除表计存档照片。

【稽查方法】

（1）通过营销业务系统和用电信息采集系统核对计量装置相关参数一致性。

（2）通过营销稽查监控系统超容量用电在线稽查主题筛选长期超容量用户，核查用户是否有换表业务，有换表业务的核查计量装置照片。

（3）对确定的疑似用户现场核查。

案例78 销户用户拆尾示数营采不一致

【案例描述】 2021年2月，某供电公司通过营销稽查系统销户用户拆尾电量营采不一致稽查主题，发现2012年1月5日销户用户某建设开发有限公司计量表计拆尾示数与采集销户数据最大示数差值为125(4)32，随即对该问题开展调查，通过对库存拆旧电能表示数进行核对，发现拆尾示数为65 349.21，营销系统中销户流程内录入的最后一次月中算费抄表示数为6409(3)12，采集系统最后一次采录示数为65 347.44。用户2010年3月2日投运，综合倍率为1000，通知相关单位追收用户少计拆尾电量。

【问题分析】 ①工作人员未认真核对销户用户底码信息，电能表更换后未录入现场实际走码，导致旧表电量未结清；②工作人员未履行《国网公司抄核收管理规则》，通过掌机抄录现场实际走码，手工录入导致拆尾电量未结清；③相关单位计量资产管理人员对计量资产管理不到位，拆旧电能表入库时未核对表计与系统录入底码，导致电量少计。

【稽查要点】

（1）营销业务应用、用电信息采集、计量生产调度平台三系统间拆尾底码、分拣底码的差值不得大于或小于10以上。

（2）装拆单、电能表实物与营销系统的电能表止度数不一致，电能表装拆环节录入的拆尾示数错误。

(3) 新装和拆除表计未拍照存档,拆除电能表照片底码不清楚。

【稽查方法】

(1) 对营销稽查监控系统"拆尾示数与采集系统最后一次示数不一致"的在线稽查主题异常明细进行分析。

(2) 核对异常明细中用户底码和旧表照片底码,无旧表照片或底码不清楚的核对实物电能表。

案例 79　计量装置轮换拆尾示数营采不一致

【案例描述】　2021 年 6 月,某供电公司通过营销稽查系统计量装置轮换拆尾示数营采不一致主题,发现 5 月 8 日某电采暖用电客户张电能表更换后,营销系统录入的拆旧电能表示数为 2598.63,采集系统最后一次冻结示数为 270(1)12。张某为居民电采暖用户,2019 年 5 月立户,因调时段失败于 2021 年 5 月 8 日更换新电能表。调取拆表照片,该用户拆旧的电能表实际示数为 2706.19,营销系统录入的拆旧电能表示数为 2598.63,用户拆尾电量未结清,需追收电量电费。

【问题分析】　①工作人员未认真核对销户用户底码信息,电能表更换后未录入现场实际走码,导致旧表电量未结清;②工作人员未履行《国网公司抄核收管理规则》,通过掌机抄录现场实际走码,手工录入导致拆尾电量未结清;③相关单位计量资产管理人员对计量资产管理不到位,拆旧电能表入库时未核对表计与系统录入底码,导致电量少计。

【稽查要点】

(1) 营销业务应用、用电信息采集、计量生产调度平台三系统间拆尾底码、分拣底码的差值不得大于或小于 10 以上。

(2) 装拆单、电能表实物与营销系统的电能表止度数不一致,电能表装拆环节录入的拆尾示数错误。

(3) 新装和拆除表计未拍照存档，拆除电能表照片底码不清楚。

【稽查方法】

（1）对营销稽查监控系统"拆尾示数与采集系统最后一次示数不一致"的在线稽查主题异常明细进行分析。

（2）核对异常明细中用户底码和旧表照片底码，无旧表照片或底码不清楚的核对实物电能表。

第四章 用电检查

第一节 供用电合同管理

【业务知识】

（1）供用电合同是供电企业与客户就供用电双方的权利和义务签订的法律文书，是双方共同遵守的法律依据。

（2）供用电合同起草、签订应落实分级管理、授权签订原则，正确选择合同类型、合同模板，并按合同填写说明进行起草和签订。

（3）供用电合同的变更或解除，必须依法进行。有下列情形之一的，允许变更或解除供用电合同：①当事人双方经过协商同意，并且不因此损害国家利益和扰乱供用电秩序；②由于供电能力的变化或国家对电力供应与使用管理的政策调整，使订立供用电合同时的依据被修改或取消；③当事人一方依照法律程序确定确实无法履行合同；④由于不可抗力或一方当事人虽无过失，但无法防止的外因，致使合同无法履行。

【典型案例】

案例 80　合同到期未续签

【案例描述】　2022 年 12 月，在开展在线稽查时，通过"供用电合同签订不规范"主题筛查发现，某高压用户合同有效期截至 2022 年 8 月 5 日，供用

第四章　用电检查

电合同到期未进行续签，导致供用电合同超期。

【问题分析】　①合同管理不到位，对营销业务系统供用电合同未做好日常监督管控，合同到期后未及时进行续签，存在法律风险；②合同管理人员风险意识淡薄，对用户长期无合同用电潜在的安全和服务风险未高度重视。

【稽查要点】

（1）合同类别与客户分类是否一致，是否使用统一版本合同。

（2）合同签订日期、到期日和合同有效期是否完整准确。

【稽查方法】

（1）核查合同签订类型与用户类别一致性，合同版本正确性。

（2）核查合同文本起草、签订是否规范，合同附件是否完整。

（3）核查合同签订主体是否合法有效，委托代理人签订合同时，是否依法取得授权委托书。

（4）核查合同要素是否齐全，产权分界点、运行维护责任、违约责任等条款是否约定明确；客户用电情况发生重大变化时，是否及时变更相应合同条款。

案例81　低压合同类型错误

【案例描述】　2022年12月，在开展在线稽查时，通过"供用电合同签订不规范"主题筛查发现，某低压非居民用户供用电合同类型签订错误，应签订低压非居民供用电合同，但实际签订高压供用电合同，导致合同类型错误，通知责任单位立即整改。

【问题分析】　①工作人员业务知识欠缺，对供用电合同管理相关要求不熟悉，将低压用户错签订为高压合同，导致合同类型错误；②合同管理不到位，对营销业务系统供用电合同未做好日常监督管控，合同类型与用户类别不符，合同无效；③合同管理人员风险意识淡薄，对无效合同带来的潜在安全和服务风险未高度重视。

【稽查要点】

合同类型与用户类别是否一致，是否使用统一版本合同。

【稽查方法】

(1) 核查合同签订类型与用户类别一致性，合同版本正确性。

(2) 核查合同签订主体是否合法有效。

(3) 核查合同要素是否齐全，产权分界点、运行维护责任、违约责任等条款是否约定明确。

案例 82　发电厂合同类型签订错误

【案例描述】　2022 年 7 月，在开展公用发电厂下网电量结算情况专项稽查时，发现某供电公司某 220kV 火力发电公用电厂，2013 年投运，发电量正常上网，营销业务系统有发电厂档案，但无下网用电户档案，与用户所在单位相关人员沟通，反映该户不会发生发电机组全停，因此未建立下网用电档案。随即组织人员对该用户用电情况进行核查，通过与调度核对，用户 2013 年～2022 年 7 月期间，有 3 次发电机组全停检修记录，核查该户现场实际已安装下网用电计量装置，属供电企业资产，2013 年投运后与用户签订高压供用电合同。

【问题分析】　①工作人员业务知识欠缺，对发电厂和用户合同管理规定不清楚，发电厂用户应签订发用电合同，错签为供用电合同，存在经营风险；②客户经理工作责任心不强，营销业务系统未建立下网用电建档；③计量资产管理人员、现场安装人员责任心不强，计量资产已运行，但营销业务系统仍合格在库，造成计量资产体外循环。

【稽查要点】

（1）公用发电厂是否按要求建档立户。

（2）公用发电厂下网用电量是否结算。

（3）公用发电厂是否存在上下网电量互抵。

（4）公用发电厂合同签订是否正确。

【稽查方法】

（1）通过营销业务系统核查公用电厂发电档案、用电档案。

（2）通过调度系统、采集系统核查用户发用电情况，用电量是否结算，是否存在互抵。

（3）核查用户发用电合同签订情况。

第二节　违窃用电处理规范性

【业务知识】

《供电营业规则》第八章第一百条：危害供用电安全、扰乱正常供电秩序的行为，供电企业对查获的违约用电行为应及时予以制止，有下列违约用电行为者，应承担其相应的违约责任：

（1）在电价低的供电线路上，擅自接用电价高的用电设备和或私自改变用电类别的，应按实际使用日期补交其差额电费，并承担二倍差额电费的违约使用电费。使用起讫日期难以确定的，实际使用时间按三个月计算。

（2）私自超过合同约定的容量用电的，除应拆除私增容设备外，属于两部制电价的用户，应补交私增设备容量使用月数的基本电费，并承担三倍私增容量基本电费的违约使用电费；其他用户应承担私增容量每千瓦（千伏安）50元的违约使用电费。如用户要求继续使用者，按新装增容办理手续。

（3）擅自使用已在供电企业办理暂停手续的电力设备或启用供电企业封存

的电力设备的,应停用违约使用的设备。属于两部制电价的用户,应补交擅自使用或启用封存设备容量和使用月数的基本电费,并承担二倍补交基本电费的违约使用电费;其他用户应承担擅自使用或启用封存设备容量每次每千瓦(千伏安)30元的违约使用电费。启用属于私增容被封存的设备的,违约使用者还应承担本条第2项规定的违约责任。

(4) 私自迁移、更动和擅自操作供电企业的用电计算装置、电力负荷管理装置、供电设施以及约定由供电企业调度的用户受电设备者,属于居民用户的,应承担每次500元的违约使用电费;属于其他用户的,应承担每次5000元的违约使用电费。

(5) 未经供电企业同意,擅自引入(供出)电源或将备用电源和其他电源私自并网的,除当即拆除接线外,应承担其引入(供出)或并网电源容量每千瓦(千伏安)500元的违约使用电费。

《供电营业规则》第九章第一百零一条:禁止窃电行为。窃电行为包括:

(1) 在供电企业的供电设施上,擅自接线用电;

(2) 绕越供电企业用电计量装置用电;

(3) 伪造或者开启供电企业加封的用电计量装置封印用电;

(4) 故意损坏供电企业用电计量装置;

(5) 故意使供电企业用电计量装置不准或者失效;

(6) 采用其他方法窃电。

《供电营业规则》第九章第一百零一条:供电企业对查获的窃电者,应予制止并可当场中止供电。窃电者应按所窃电量补交电费,并承担补交电费三倍的违约使用电费。拒绝承担窃电责任的,供电企业应报请电力管理部门依法处理;窃电数额较大或情节严重的,供电企业应提请司法机关依法追究刑事责任。

《供电营业规则》第九章第一百零三条 窃电量按下列方法确定:

(1) 在供电企业的供电设施上,擅自接线用电的,所窃电量按私接设备额

第四章 用电检查

定容量（千伏安视同千瓦）乘以实际使用时间计算确定。

（2）以其他行为窃电的，所窃电量按计费电能表标定电流值（对装有限流器的，按限流器整定电流值）所指的容量（千伏安视同千瓦）乘以实际窃用的时间计算确定。

（3）窃电时间无法查明时，窃电日数至少以一百八十天计算，每日窃电时间：电力用户按 12 小时计算；照明用户按 6 小时计算。

一、违约用电处理规范性

案例 83　私自增容处置不规范

【案例描述】　2021 年 8 月，供电公司用电检查人员通过用电信息采集系统发现某 100kVA 专用变压器用户变压器长时间过载，监测变压器过载率 160%，核查用户营销系统档案，该户档案中挂接 100kVA 专用变压器一台，无其他受电设备，随即组织人员开展现场用电检查，发现该户现场变压器实际为两台 100kVA 变压器，工作人员通过调查取证，判定该户为私自增容，向客户下达《用电检查通知书》《违约用电通知书》，现场对该户两台 100kVA 变压器进行封停，通知客户接受违约处理，办理增容手续。客户对处理方式不满，两天后拨打 95598 对该单位进行投诉，要求恢复送电并赔偿停电期间企业停产造成的经济损失。

【问题分析】　①工作人员业务不熟，《供电营业规则》第一百条第 2 款，私自超过合同约定的容量用电的，除应拆除私增容设备外，属于两部制电价的用户，应补交私增设备容量使用月数的基本电费，并承担三倍私增容量基本电费的违约使用电费；其他用户应承担私增容量每千瓦（千伏安）50 元的违约使用电费。如用户要求继续使用者，按新装增容办理手续。该户私自容量为 100kVA 变压器一台，但工作人员将客户原有 100kVA 变压器一并封停，业务办理不合规；②工作人员对客户停电未按规定履行停电手续，在未办理停电审

101

批手续，未按要求通知客户的情况下当场实施停电，引发投诉事件，给客户造成损失；③工作人员培训不到位，对日常业务标准、规定等不熟悉，未按规定开展相关业务，给企业造成负面影响。

【稽查要点】

（1）核查私自增容用电违约行为的处理是否符合规定。

（2）核查私自增容用电的违约行为认定是否准确。

（3）核查违约用电行为取证是否齐全、手续是否符合规定。

【稽查方法】

（1）通过营销业务系统【违约用电处理】流程，核查违约用电处理情况，是否符合《供电营业规则》规定。

（2）现场核查《用电检查单》《违约用电通知书》等相关资料。

案例84 私自启用处理不规范

【案例描述】 2021年8月，供电公司用电检查人员通过用电信息采集系统发现某800kVA专用变压器用户变压器过载，监测变压器过载率180%，核查用户营销系统档案，该户档案中挂接400kVA专用变压器两台，无其他受电设备，其中1台400变压器于2021年6月暂停，计划恢复日期为2021年11月20日。通过采集系统进一步核查，采集系统电流电压及走码显示，申请暂停的400kVA变压器自2021年6月20日起已投入使用，但客户未提交启用申请。随即组织人员开展现场用电检查，确定该户在2021年6月20日投运了已停运设备，客户对该行为表示认可，同意补交电费及违约使用电费。工作人员通过调查取证，向客户下达《用电检查通知书》《违约用电通知书》，要求客户补交私自启用至今使用月数的基本电费，并承担三倍补交基本电费的违约使用电费。

【问题分析】 ①工作人员业务不熟悉，《供电营业规则》第一百条第3

第四章 用电检查

款，擅自使用已在供电企业办理暂停手续的电力设备或启用供电企业封存的电力设备的，应停用违约使用的设备。属于两部制电价的用户，应补交擅自使用或启用封存设备容量和使用月数的基本电费，并承担二倍补交基本电费的违约使用电费，该户属于私自启用，应按补交基本电费的 2 倍计算违约使用电费，但实际按 3 倍计算，多收违约电费；②违约用电处理审核不严，对不符合《供电营业规则》规定标准的违约用电流程未发现，导致处理标准错误；③工作人员培训不到位，对日常业务标准、规定等不熟悉，给企业造成负面影响。

【稽查要点】

(1) 核查私自启用违约行为的处理是否符合规定。

(2) 核查私自启用的违约行为认定是否准确。

(3) 核查违约用电行为取证是否齐全、手续是否符合规定。

【稽查方法】

(1) 通过营销业务系统【违约用电处理】流程，核查违约用电处理情况，是否符合《供电营业规则》规定。

(2) 现场核查《用电检查单》《违约用电通知书》等相关资料。

二、窃电处理规范性

案例 85　窃电处理不规范

【案例描述】 2022 年 6 月，省级营销稽查在开展违约窃电处理规范性专项稽查时，发现某单位 2021 年 10 月查处的某居民用户窃电未按标准计算违约使用电费，《用电检查通知书》显示，该户在 2022 年 6 月 15 日被查实绕越供电企业用电计量装置用电，违约时间无法查明，窃电日数以一百八十天计算，每日按 6h 计算，并按五倍计算违约使用电费。

【问题分析】 ①《供电营业规则》第九章第一百零一条，供电企业对查获的窃电者，应按所窃电量补交电费，并承担补交电费三倍的违约使用电费，该户按照五倍计算违约使用电费，违约使用电费计算错误；②《中华人民共和国电力法》第九章第七十一条规定，盗窃电能的，由电力管理部门责令停止违法行为，追缴电费并处以电费 5 倍以下的罚款，工作人员对窃电处理标准模糊，该条款为行政执法条款，不适用于企业，执行标准错误；③工作人员培训不到位，对日常业务标准、规定等不熟悉。

【稽查要点】

（1）核查居民用户窃电每日是否按 6 小时计算。

（2）核查非居民用户窃电每日是否按 12 小时计算。

（3）核查窃电时间无法查明的是否按最低 180 天计算补收电费和违约使用电费。

（4）核查用户窃电违约使用电费倍数是否为 3 倍。

【稽查方法】

（1）通过营销业务系统【窃电处理】流程，核查窃电处理情况，是否符合《供电营业规则》规定。

（2）现场核查《用电检查单》《窃电用电通知书》及取证相关资料等。

案例 86　窃电费用收取异常

【案例描述】　2022 年 6 月，省级营销稽查在开展违约窃电处理规范性专项稽查时，发现某用户窃电，追收电费及违约使用电费收取异常，该户 2022 年 6 月查实窃电行为，通过营销业务系统发起窃电处理流程，追收电费 52.3 元及违约使用电费 156.9 元，合计追收 209.2 元，但营销系统分别于 7 月 20 日、9 月 10 日交纳两笔 209.2 元电费。对异常情况进一步核查，发现该户为本地费控表，7 月 20 日工作人员将客户档案交费方式由卡表购电更改为电力机构坐收，通过预收方式收取客户电费 209.2 元，由于违约用电为实收转应收，客

第四章 用电检查

户无欠费预收电费，无法抵扣补收电费及违约电费且该笔费用无法写卡。2022年9月工作人员发现违约电费未结清，再次通知客户交费，客户到营业厅交纳电费209.2元，造成该户多交209.2元电费及违约使用费。

【稽查要点】

（1）核查违约电费及违约使用费是否结清。

（2）核查是否存在同样金额的违约电费及违约使费。

【稽查方法】

（1）通过营销业务系统违窃电工单查询，核查已归档违窃电处理流程，整理用户明细。

（2）通过营销业务系统交费查询核查明细中用户是否存在正常交费记录或重复交费计量，费用是否全部结清。

第五章 基础数据

第一节 用户档案基础信息

一、计量装置分类

【业务知识】

（1）业务受理人员在接到客户用电诉求后，应及时将客户申请信息录入营销业务系统，业扩报装实行"一证受理"。

（2）客户经理在业务办理流程中，应根据现场实际完整、准确填写客户用电信息，确保客户档案基础信息准确、完整。

【典型案例】

案例 87　220kV 结算用户计量装置分类错误

【案例描述】　某 220kV 供电的结算用户，计量装置安装在 220kV 变电站升压侧，计量点电压等级 220kV，2008 年 12 月 19 日投运，营销业务系统计量装置分类选择为Ⅱ类。《电能计量装置技术管理规程》DL/T 448—2016 规定，Ⅰ类电能计量装置适用于 220kV 及以上贸易结算用电能计量装置、500kV 及以上考核用电能计量装置、单机容量 300MW 及以上发电机发电量电能计量装置。现场核实该户实际为Ⅰ类电能计量装置，营销业务系统计量装置分类选择错误。

【问题分析】 ①该户营销系统客户档案信息错误，按《电能计量装置技术管理规程》DL/T 448—2016 计量装置分类，实际为Ⅰ类电能计量装置，档案中选择为Ⅱ类，需对用户档案计量装置分类进行整改，将计量装置分类由Ⅰ类调整为Ⅱ类；②计量资产管理不到位，新政策落实时效性差，该计量点投运时间为 2008 年 12 月 19 日，《电能计量装置技术管理规程》DL/T 448—2016 发布，2017 年 5 月 1 日实施，至 2021 年信息仍然错误。

【稽查要点】

营销业务系统用户计量点电压、计量装置分类。

【稽查方法】

按《电能计量装置技术管理规程》DL/T 448—2016 计量装置分类，查询营销业务系统用户计量点电压与计量装置分类不符的用户。

案例 88 110kV 结算用户计量装置分类错误

【案例描述】 某 110kV 供电的结算用户，计量装置安装在 110kV 变电站升压侧，计量点电压等级 110kV，2015 年 5 月 1 日投运，营销业务系统计量装置分类选择为Ⅲ类。《电能计量装置技术管理规程》DL/T 448—2016 规定，Ⅱ类电能计量装置适用于 110（66）kV～220kV 贸易结算用电能计量装置、220kV～500kV 考核用电能计量装置、单机容量 100～300MW 及以上发电机发电量电能计量装置。现场核实该户实际为Ⅱ类电能计量装置，营销业务系统计量装置分类选择错误。

【问题分析】 ①该户营销系统客户档案信息错误，按《电能计量装置技术管理规程》DL/T 448—2016 计量装置分类，实际为Ⅰ类电能计量装置，档案中选择为Ⅱ类，需对用户档案计量装置分类进行整改，将计量装置分类由Ⅰ类调整为Ⅱ类；②计量资产管理不到位，新政策落实时效性差，该计量点投运时间为 2008 年 12 月 19 日，《电能计量装置技术管理规程》DL/T 448—2016

发布，2017年5月1日实施，至2021年信息仍然错误。

【稽查要点】

营销业务系统用户计量点电压、计量装置分类。

【稽查方法】

按《电能计量装置技术管理规程》DL/T 448—2016 计量装置分类，查询营销业务系统用户计量点电压与计量装置分类不符的用户。

案例 89 10kV 结算用户计量装置分类错误

【案例描述】 某 10kV 线路供电的热力公司，2020 年 5 月 8 日送电，高供高计，营销业务系统用户档案计量点电压等级为 10kV，计量装置分类为Ⅳ类，经现场核查计量装置实际为Ⅲ类，《电能计量装置技术管理规程》DL/T 448—2016 规定，Ⅲ类电能计量装置适用于 10(66)kV～110kV 贸易结算用电能计量装置、10kV～220kV 考核用电能计量装置、计量 100MW 以下发电机发电量、发电企业厂（站）用电量计量；现场核实该户Ⅲ类电能计量装置，营销业务系统计量装置分类选择错误。

【问题分析】 ①该户营销系统客户档案信息错误，按《电能计量装置技术管理规程》DL/T 448—2016 计量装置分类，实际为Ⅰ类电能计量装置，档案中选择为Ⅲ类，需对用户档案计量装置分类进行整改，将计量装置分类由Ⅴ类调整为Ⅲ类；②计量资产管理不到位，新政策落实时效性差，该计量点投运时间为 2020 年 5 月 8 日，《电能计量装置技术管理规程》DL/T 448—2016 发布后，用户档案相关信息仍然错误。

【稽查要点】

营销业务系统用户计量点电压、计量装置分类。

【稽查方法】

按《电能计量装置技术管理规程》DL/T 448—2016 计量装置分类，查询营销业务系统用户计量点电压与计量装置分类不符的用户。

案例 90　380V 结算用户计量装置分类错误

【案例描述】　供电电压 10kV 的工商业用户张某，2020 年 7 月 15 日送电，计量装置安装在变压器低压侧，营销业务系统用户档案计量点电压等级 380V，计量装置分类Ⅴ类，经现场核查计量装置实际为Ⅳ类，《电能计量装置技术管理规程》DL/T 448—2016 规定，Ⅳ类电能计量装置适用于 380kV～10kV 计量装置，营销业务系档案信息错误。

【问题分析】　①该户营销系统客户档案信息错误，按《电能计量装置技术管理规程》DL/T 448—2016 计量装置分类，实际为Ⅳ类电能计量装置，档案中选择为Ⅴ类，需对用户档案计量装置分类进行整改，将计量装置分类由Ⅴ类调整为Ⅳ类；②计量资产管理不到位，新政策落实时效性差，该计量点投运时间为 2020 年 7 月 15 日，《电能计量装置技术管理规程》DL/T 448—2016 发布后，用户档案相关信息仍然错误。

【稽查要点】

营销业务系统用户计量点电压、计量装置分类。

【稽查方法】

按《电能计量装置技术管理规程》DL/T 448—2016 计量装置分类，查询营销业务系统用户计量点电压与计量装置分类不符的用户。

案例 91　220V 用户档案计量装置分类错误

【案例描述】　用户张某为低压 220V 供电，营销业务系统用户档案计量点电压 220V，计量装置分类Ⅳ类，现场核实用户计量装置为Ⅴ类，《电能计量装置技术管理规程》DL/T 448—2016 规定，Ⅴ类计量装置适用于 220V 单相电能计量装置，营销业务系档案信息错误。

【问题分析】 ①该户营销系统客户档案信息错误，按《电能计量装置技术管理规程》DL/T 448—2016 计量装置分类，实际为Ⅳ类电能计量装置，档案中选择为Ⅴ类，需对用户档案计量装置分类进行整改，将计量装置分类由Ⅴ类调整为Ⅳ类；②计量资产管理不到位，新政策落实时效性差，《电能计量装置技术管理规程》DL/T 448—2016 发布后，用户档案相关信息仍然错误。

【稽查要点】

营销业务系统用户计量点电压、计量装置分类。

【稽查方法】

按《电能计量装置技术管理规程》DL/T 448—2016 计量装置分类，查询营销业务系统用户计量点电压与计量装置分类不符的用户。

二、计量点设置

【典型案例】

案例 92 用户档案计量点等级设置错误

【案例描述】 某专用变压器用户合同容量 50kVA，高供低计，执行 10kV 农业排灌电价，变损计算标识"是"，定量 1600kW 是非居民照明，变损计费标识为"否"，在线稽查主题筛查出该户计量点等级与变损计算标志不匹配。经核实，定量计量点等级应为 2 级，但营销业务系统用户档案错选为 1 级，导致错误信息。

【问题分析】 ①业务办理人员工作责任心不强，客户基础档案信息填写不规范，流程归档后未对档案信息完整准确性进行核验；②业务办理人员对用户档案信息填写规范和标准不清楚，对 1 级和 2 级计量点定义不了解，计量点信息设置错误，导致算费信息错误。

第五章 基础数据

【稽查要点】

营销业务系统用户计量点计算方式、计量点级数。

【稽查方法】

(1) 通过营销业务系统筛选实抄计量点级数不等于 1 的用户明细。

(2) 通过营销业务系统筛选定比定量计量点级数等于 1 的用户清单。

案例 93 用户档案计量点接线方式错误

【案例描述】 2022 年 5 月，在营销稽查监控系统开展常态稽查时，某 10kV 专用变压器用户，计量方式高供低计，计量点电压等级 380V，计量装置分类为Ⅳ类，计量点接线方式为单相。《电能计量装置技术管理规程》DL/T 448—2016 规定，Ⅴ类计量装置适用于 220V 单相电能计量装置，接线方式选择错误。

【问题分析】 ①业务办理人员工作责任心不强，客户基础档案信息填写不规范，流程归档后未对档案信息完整准确性进行核验；②业务办理人员对用户档案信息填写规范和标准不清楚，Ⅳ类计量装置应计量点接线方式应选择三相四线，错选为单相。

【稽查要点】

营销业务系统用户计量点计量装置分类、计量点接线方式。

【稽查方法】

通过营销稽查监控系统在线稽查主题对计量装置分类和接线方式不符合逻辑规则的用户进行监控。

案例 94 用户档案定量计量点设置错误

【案例描述】 2019 年 3 月，供电公司在进行电量电费专项稽查时，发现某 10kV 客户营销系统 2019 年 2 月 28 日立户，合同容量为 10 000kVA，主用电性质为生产用电，每月定量 10 000kW·h 非居民照明，用于办公场所用电，但 10 000kW·h 非居民照明电量重复计算。经系统核查与现场调查，该户办公用电与生产用电共用一套计量装置，按现场实际用电负荷核定办公用电电量，双方签订供用电合同，约定每月非居民照明电量 10 000kW·h，从实抄计量表计中扣减，扣减后剩余电量执行生产用电价格。经查营销系统 2019 年 3 月电量电费记录，该户当月 10 000kW·h 照明电量正常计费，但未从实抄电量中扣减，实抄计量点电量全部按生产用电价格计收，10 000kW·h 电量重复计收。

【问题分析】 ①该户营销系统客户档案错误，10 000kW·h 定量用电计量点与实抄主计量点之间应设置主分计费关系，但系统档案未设置，导致电量核算时系统未自动从实抄计量点中扣减定量电量；②需退补该户多计收的 10 000kW·h 生产用电电量和相应电费，并非修改客户档案，在实抄和定量计量点间设置主分计费关系，实现定量电量自动扣减；③工作人员业务不熟练，对多种用电性质共用一套计量的情况，未正确设置客户档案，导致后期计费错误；未严格落实新立户大工业用户首次算费应逐户审核的核算要求，导致电量重复未在事中发现。

【稽查要点】

(1) 客户业扩报装资料保管不当，导致业扩申请、现场勘查、供电方案制订及答复、业扩收费/设计文件审查、中间检查、竣工验收、签订供用电合同、装表接电等环节的收资不完整。

(2) 电子档案管理不规范，未按智能客户档案管理要求及时将纸质资料电子化并上传智能客户档案系统，或电子化资料不全、电子影像质量不高。

【稽查方法】

(1) 核查智能客户档案系统及纸质文件资料收资是否齐全，是否按要求规范收资。

第五章 基础数据

（2）核查智能客户档案系统及纸质表单，查看表单信息填写是否规范，签章是否合法有效。

（3）是否按智能客户档案管理规范要求，及时完成纸质资料收集、整理并电子化；电子影像质量是否存在模糊、反光、歪曲、背景杂乱等现象。

（4）营销业务应用系统客户档案信息是否与客户档案系统资料信息一致。

案例95　220V用户计量电压与计量方式不符

【案例描述】　2021年3月，某供电公司通过营销稽查系统"计量方式异常"主题发现，居民客户张某，供电电压220V，计量点计量方式为高供低计，计量方式错误。经核查，业务人员办理新装时，错误选择用户计量方式，导致客户档案异常。

【问题分析】　①业务办理人员计量业务知识欠缺，对《电能计量装置技术管理规程》DL/T 448—2016计量装置分类客户基础档案信息填写不规范；②供电所所长工作责任心不强，流程审批时未对档案信息准确性进行核验。

【稽查要点】

营销业务系统用户计量点计量方式、计量点接线方式。

【稽查方法】

通过营销稽查系统"计量方式异常"主题，对供电电压为220V，计量方式为高供高计、高供低计的用户明细进行筛查。

案例96　380V用户计量电压与接线方式不符

【案例描述】　2020年12月，某供电公司通过营销稽查系统"计量点接线方式异常"主题发现，客户吴某供电电压10kV，计量点电压等级为380V，接线方式为三相三线。经核查，由于业务人员在营销业务流程中选择信息时，将三相四线错误选择为三相三线，导致客户档案异常。

113

【问题分析】 ①业务办理人员计量业务知识掌握不足，客户基础档案信息填写不规范；②供电所所长工作责任心不强，流程审批时未对档案信息准确性进行核验。

【稽查要点】

营销业务系统用户计量点计量方式、计量点接线方式。

【稽查方法】

通过营销稽查系统"计量点接线方式异常"主题，对计量点电压等级为380V，接线方式为三相三线的用户明细进行筛查。

案例97 10kV 高压计量用户接线方式错误

【案例描述】 2019年12月，某供电公司通过营销稽查系统"计量点接线方式异常"主题发现，某砖厂供电电压10kV，计量点电压等级为10kV，接线方式为单相。经核查，由于业务人员在营销业务流程中选择信息时，将用户接线方式三相三线错误选择为单相，导致客户档案异常。

【问题分析】 ①业务办理人员计量业务知识掌握不足，对《电能计量装置技术管理规程》DL/T 448—2016 计量装置分类不清楚，在业务流程办理过程中未按分类标准选择客户计量点相关信息，导致客户基础档案信息；②业扩方案审核人员对审核工作不重视，业扩新装流程审核未严格把关，对流程中关键信息未认真核验，导致错误信息进入营销业务系统，源头错误前清后乱。

【稽查要点】

营销业务系统用户计量点计量方式、计量点接线方式。

【稽查方法】

通过营销稽查系统"计量点接线方式异常"主题，对计量点方式为高供高计，接线方式为单相的用户明细进行筛查。

第五章 基础数据

案例98 10kV高压计量用户计量方式错误

【案例描述】 2020年5月，某供电公司通过营销稽查系统"计量方式异常"主题发现，某有限公司供电电压10kV，营销业务系统客户档案计量点电压等级为10kV，安装组合式互感器，计量方式为高供低计。经现场核查，该户现场实际用电性质为制造业，安装一台200kVA变压器，高压侧计量，由于业务人员在营销业务流程中选择信息时，将用户接线方式三相三线错误选择为高供低计，导致客户档案异常。

【问题分析】 ①业务办理人员对《电能计量装置技术管理规程》DL/T 448—2016相关标准不清楚，对现场实际业务不了解，在业务流程办理过程中按自己理解选择客户计量点相关信息，导致客户基础档案信息；②业扩方案审核人员对审核工作不重视，业扩新装流程审核把关不严，导致错误信息进入营销业务系统，错误数据履查履犯。

【稽查要点】

营销业务系统用户计量点计量方式、计量点接线方式。

【稽查方法】

通过营销稽查系统"计量方式异常"主题，对计量点电压等级为10kV，计量方式非高供高计的用户明细进行筛查。

案例99 单相电能表类型与接线方式不符

【案例描述】 2019年11月，某供电公司通过营销稽查系统"计量点接线方式异常"主题发现，某220V供电的低压居民用户李某，营销业务系统档案计量点计量装置分类为Ⅴ类，计量点电压等级为220V，接线方式为三相四线。经现场核查，该户现场实际用电性质确定为居民生活用电，安装单相远程费控智能电能表，由于业务人员在营销业务流程中选择信息时，将用户接线方式单相错误选择为三相四线，导致客户档案异常。

【问题分析】 ①业务办理人员计量业务欠缺，对《电能计量装置技术管理规程》DL/T 448—2016 计量装置相关标准不清楚，在业务流程办理过程中未按分类标准选择客户计量点相关信息，导致客户基础档案信息；②业扩方案审核人员对审核工作不重视，业扩新装流程审核未严格把关，对流程中关键信息未认真核验，导致错误信息进入营销业务系统，源头错误前清后乱。

【稽查要点】
营销业务系统用户计量点计量方式、计量点接线方式。

【稽查方法】
通过营销稽查系统"计量点接线方式异常"主题，对计量点计量方式为低供低计，接线方式非单相的用户明细进行筛查。

第二节　营销系统权限管理不规范

【业务知识】

营销系统权限设置应根据各业务管理规范及工作要求进行配置，不能存在同一账号同时拥有申请、审核、审批等权限，造成电费资金安全风险。

【典型案例】

案例 100　同一账号拥有退补发起和退补审核权限

【案例描述】 2022 年 12 月，供电公司通过营销稽查系统同一账号拥有退补发起和退补审核权限主题，发现该公司营销服务中心核算员王某同时拥有退补发起和退补审核权限，不符合电费电价管理相关规定，存在电量电费发行

第五章 基础数据

不规范的不合规风险。

【问题分析】 ①该供电公司未严格落实电费抄核收业务管理相关规定，将业务办理人员和审批人员权限赋予同一人员，造成电费差错潜在风险；②该供电公司营销业务系统管理员履职不到位，在营销业务系统权限配置中，未严格落实业务管理和系统账号权限管理规定，违规将业务办理和审核权限赋予同一人员，存在较大经营风险。

【稽查要点】

同一营销业务系统操作账号是否同时拥有退补流程发起和审批权限。

【稽查方法】

核查核算人员或核算班长是否同时拥有退补流程发起和审批权限。

通过营销业务系统权限菜单，核查同一系统账号既有退补流程发起权限，又有退补流程审批权限的账号。

案例 101 同一账号拥有收费和实收权限

【案例描述】 2022年5月，某供电公司在开展电费余额违规互转的专项稽查时，发现该公司所辖某县供电公司收费记录中存在收费日结人员与实收确认人员为同一账号的问题，经核实，该公司实收人员同时拥有收费和实收权限，存在电费资金安全风险。

【问题分析】 ①该供电公司未严格落实电费管理相关规定，将电费收费权限和实收确认权限赋予同一人员，造成电费资金安全风险；②该供电公司营销业务系统管理员履职不到位，在营销业务系统权限配置中，未严格落实业务管理规定，违规将收费和实收权限赋予同一人员，存在较大资金安全风险。

【稽查要点】

是否同时拥有收费和实收权限。

【稽查方法】

通过营销业务系统交费查询，核查交费记录中存在电费收取或收费日结和实收确认为同一账号的情况。

案例102　同一账号拥有收费和账务权限

【案例描述】　2022年5月，某供电公司在开展电费余额违规互转的专项稽查时，发现该公司所辖某县供电公司收费记录中存在收费日结人员与到账确认人员为同一账号的问题，经核实，该县供电公司实收人员同时拥有收费和账务处理权限，存在电费资金安全风险。

【问题分析】　①该供电公司未严格落实电费管理相关规定，将电费收费权限和到账确认权限赋予同一人员，造成电费资金安全风险；②该供电公司营销业务系统管理员履职不到位，在营销业务系统权限配置中，未严格落实业务管理规定，违规将收费和资金到账确认权限赋予同一人员，存在较大资金安全风险。

【稽查要点】

同一工作人员是否同时拥有收费和账务权限。

【稽查方法】

通过营销业务系统权限菜单，核查同一系统账号既有收费员权限，又有账务处理权限的账号。

第六章　分布式光伏

第一节　分布式光伏用户电量异常

【业务知识】

分布式光伏用户发电量消纳方式分为全额上网、自发自用余量上网和全部自用三种方式，对分布式光伏用户电量的上网电量进行核查，防止发电补贴发放错误。

【典型案例】

案例 103　分布式光伏用户发电量超理论值

【案例描述】　2022 年 6 月，某供电公司通过营销稽查系统分布式光伏用户发电量超过理论值主题，发现该公司分布式光伏发电客户杨某某，报装发电容量为 4.4kW，6 月发电量为 823kW 时，高于理论值。经核查，该用户现场实际发电设备容量为 5kW，实际发电设备容量与报装发电容量不符，存在发电容量虚报的问题。

【问题分析】　①该供电公司受理分布式光伏报装的客户经理对用户现场发电设备的信息校核不清楚，造成发电量与理论电量不符的风险；②该供电公司对分布式光伏用户的现场检查履职不到位，在营销系统中进行发电量校核时，未关注发电量的准确程度，未严格落实对发电客户的现场检查规定，存在发电客户管理不到位的风险。

【稽查要点】

核查分布式光伏用户发电量超过理论值的用户现场实际发电设备容量与营销系统发电客户档案中的合同容量是否一致。

【稽查方法】

确认营销系统分布式光伏用户发电用户档案中的合同容量并进行记录，根据用户用电地址前往用户发电设备所在地，对发电设备的出厂资料、设备铭牌进行检查，核查现场实际发电设备容量与营销系统发电客户档案中的合同容量是否一致。

案例 104 分布式光伏上网电量异常

【案例描述】 2022 年 8 月，某供电公司通过营销稽查系统分布式光伏电量异常主题，发现该公司分布式光伏发电用户买某某，发电量消纳方式为全额上网，8 月发电量为 733kW 时，上网电量为 0kW 时。经核查，该用户上网端口计量设备故障，导致上网电量与发电量不符，存在漏计上网电量的问题。

【问题分析】 ①该供电公司对分布式光伏用户的现场检查履职不到位，没有定期对上网电量为零的用户进行现场检查，未及时发现计量装置故障问题，造成上网电量漏计的风险；②该供电公司核算管理人员对分布式光伏用户的上网电量检查不到位，在营销系统中发现上网电量异常时，未及时通知相关责任人进行数据校核，存在漏发分布式光伏用户补贴的风险。

【稽查要点】

核查分布式光伏用户发电量与上网电量不一致的原因。

【稽查方法】

确认营销系统分布式光伏用户发电量与上网电量，确定分布式光伏用户发电设备的实际运行状态，现场核查分布式光伏用户发电量与上网电量不一致的具体原因。

第二节　分布式光伏报装业务体外循环

【业务知识】

分布式光伏用户业务受理时间、答复接入方案环节时间、设计审核环节时间、装表接电及合同签订环节时间、并网验收环节时间均应符合业务管理要求。

【典型案例】

案例 105　分布式电源并网时限超短

【案例描述】　2022年12月8日，客户史某前往供电所办公室咨询并办理分布式电源并网业务。工作人员在受理客户并网诉求后，未及时完成用电业务办理，一周后客户完成设备安装后申请并网接入，该供电所快速完成系统流程的推进，导致用户从首次业务受理开始时间至归档完成时间仅为1个工作日。

【问题分析】　客户提交业务申请后，供电所工作人员应及时将客户业务申请录入营销业务系统，或引导客户通过网上国网进行线上办理，但供电所工作人员因自身工作疏忽，未及时将该客户的业务申请及时录入营销系统，导致分布式电源并网时限超短问题发生。

【稽查要点】

检查首次业务受理开始时间至归档完成时间未超过2个工作日的情况。

【稽查方法】

检查营销系统中分布式光伏用户归档完成时间，减去首次业务受理开始时间，对未超过2个工作日的情况进行原因调查。